사소한 인류

사소한 인류

1판 1쇄 인쇄 2025. 9. 18.
1판 1쇄 발행 2025. 9. 29.

지은이 이상희

발행인 박강휘
편집 김은하 | 디자인 이경희 | 마케팅 김민준 | 홍보 이수빈
발행처 김영사
등록 1979년 5월 17일(제406-2003-036호)
주소 경기도 파주시 문발로 197(문발동) 우편번호 10881
전화 마케팅부 031)955-3100, 편집부 031)955-3200 | 팩스 031)955-3111

값은 뒤표지에 있습니다.
ISBN 979-11-7332-369-0 03810

홈페이지 www.gimmyoung.com　　　블로그 blog.naver.com/gybook
인스타그램 instagram.com/gimmyoung　　이메일 bestbook@gimmyoung.com

좋은 독자가 좋은 책을 만듭니다.
김영사는 독자 여러분의 의견에 항상 귀 기울이고 있습니다.

사소한 인류

이상희 지음

인간다움의 흔적을 찾는 인류학자의 일상 관찰기

김영사

프롤로그

저라는 사소한 인류의
세계로 초대합니다

　이 책을 펼쳐 든 여러분께.
　저는 인류의 기원과 진화 역사를 연구하는 고인류학자입니다. 수백만 년, 적어도 수만 년 전 인류는 되어야 제가 전문성을 가지고 이야기할 수 있습니다. 1만 년 전 인류도 제게는 너무나 요즘 사람입니다. 그동안 여러 책에 지난 수백만 년을 살아온 인류에 관해 썼습니다.
　이 책에는 그동안 제가 이야기해 온 수백만 년, 수만 년 전 인류가 아니라 바로 오늘을 살아가는 인류인 저의 이야기를 담았습니다. '대한민국 1호 고인류학자'라는 수식어를 얻게 되기까지의 경험과 단상을 비롯해 학자, 연구자, 교수, 이민자, 동양인, 여성, 딸, 아내, 엄마 등 다양한 정체성으로 살아오며 겪은 일상, 30년 이상을 고인류학자로 살아오면서 얻은 깨달음과 인류학을 둘러싼 사색과 소회까지 두루 담아내려고 노력했습니다.

인류의 진화는 원숭이처럼 생긴 조상에서 시작해 차츰 오늘날 사람의 모습으로 탈바꿈하는 계단식 진화 모델을 따랐다고 생각하던 시절이 있었습니다. 그다음에는 하나의 뿌리와 큰 나무줄기에서 여러 개의 가지로 갈라져 뻗어간 계통수식 진화 모델이라고 생각하기도 했습니다. 지금은 강줄기처럼 꼬불꼬불 만났다가 헤어졌다가 만나기를 거듭하면서 바다로 유유히 흐르는 강물이라고 생각합니다. 제 삶 역시 이력서만 보면 좌고우면하지 않고 앞만을 향해 일직선으로 거침없이 달려온 것처럼 보이지만 사실은 강물처럼 크고 작은 강줄기가 어우러지면서 돌고 돌아 결국은 큰 바다에 닿아간다는 느낌입니다. 강물처럼 흐르면서 다양한 사람들을 만나 함께하게 되는 것은 기쁜 선물이고요.

이 책은 새로운 강줄기입니다. 지금까지 썼던 글과는 다른 새로운 시도입니다. 그동안의 글은 일관적인 설명, 학계에서 보편적으로 받아들이고 있는 사실과 가설에 대한 내용이었습니다. 제 개인의 시선은 필요치 않았고, 렌즈는 투명할수록 좋았습니다. 하지만 사실 제게는 다양한 색의 렌즈가 있습니다. 사소한 일도 어떤 색의 렌즈를 끼고 보느냐에 따라 새로운 이야기가 됩니다. 그리고 그 렌즈의 뒤에는 저와 제 눈이 있습니다.

여태껏 출간한 책에서는 제 사소한 이야기를 넣더라도 첫머리에 관심을 끌어 독자들을 고인류학의 세계로 끌어들이려는 목적이 있었습니다. 그 사소함이 징검다리가 되기를 바랐습니다. 그런데 이번에는 제 사사로운 이야기가 주인공입니다.

제 개인의 사소한 이야기를 책으로 내려니 생각의 전환이 필요했습니다. 그저 일상의 이야기를 아무 의미 없이 쓰고 싶지는 않았습니다. 여러분의 시간이 아깝지 않게, 종이가 될 나무가 아깝지 않게 쓰고 싶었습니다. 여러 권의 책 중 베스 케파트Beth Kephart의 《나와 타인을 쓰다》에서 많은 도움을 얻었습니다. 제게는 새로 가보는 길이지만 새로 난 길은 아닙니다. 에세이를 쓴 학자들의 귀중한 책도 여럿 읽고 도움을 받았습니다.

지난 몇 년 동안 조금씩 써왔던 글을 토대로 했습니다만 집필 작업은 주로 2024-2025 안식년 동안에 이루어졌습니다. 안식년을 허락한 UC리버사이드대학교에 감사합니다. 〈리디셀렉트〉〈여성신문〉, 미주 〈한국일보〉 등에 기고한 내용 중 책에 어울릴 만한 글들을 2025년 저의 생각과 감성에 맞추어 고치고 다듬은 것도 있습니다. 일부를 SNS에 공유하고 다양한 댓글을 보면서 글의 색과 온도를 살피고 조절하기도 했습니다. 페이스북, 엑스(전 트위터), 스레드, 인스타그램 등 다양한 플랫폼에서 저와 연을 맺어주신 분들께 고맙습니다. 누구보다도 이 책을 기획하고 원고 작업에 응원을 아끼지 않으며 뛰어난 편집으로 거친 문장을 매끄럽게 만들어준 김은하 편집자에게 지면을 빌려 감사의 마음을 전합니다.

가족들과 함께하는 시간에도 이따금 골똘히 생각에 빠져 있는 저에게, 멍하게 있다가 갑자기 녹음기를 틀고 지껄이는 저에게, 마감이 임박해서 연구실에 처박혀 있는 저에게 격려와 응원을 아끼지 않은 남편 브라이언과 딸 해나에게 고맙습니다. 훌륭한 오스트레일리언 셰퍼드 코다에게도 고맙습니다.

이 책에 담긴 각 챕터는 대부분 10분이면 어렵지 않게 읽을 수 있는 분량입니다. 지하철이나 식당 앞에 줄을 서서 기다리는 동안에도 충분히 읽을 수 있는 난이도입니다. 여러분을 제 사소한 일상으로 초대합니다. 이 책을 통해 처음 만나는 여러분, 반갑습니다. 제가 그동안 써온 인류의 진화에 대한 책에서 만났던 여러분도 이번 새로운 글을 통해 저와 다시 만나면 좋겠습니다.

2025년 가을
이상희

차례

프롤로그 저라는 사소한 인류의 세계로 초대합니다 4

1. 배우는 인류

어쩌다 고인류학자 13
명함에는 없는 이야기 20
루시의 50회 생일을 축하하며 27
몽고점과 칭기즈칸 33
넘어지기의 기원 40
베이징인은 살아 있다 46
선사시대의 사내들 53
본능이 부르는 소리 60
졸업식에서 66
혹시 문과세요? 72
문과생의 항변 79
학자의 얼굴 85

2. 살아 있는 인류

죽음의 음침한 골짜기 95
불난리의 기억 102
견중일기 108
음식물 쓰레기를 버리면서 115
소중한 어린 시절 122

시간과 싸우기　128
지천명의 첼로　135
쫑쫑이와 코다　142
우정은 세상을 움직인다　148
페르세폴리스의 기억　154
반응성이라는 불청객　160
어르신이 되는 길　168

3. 여자라는 인류

여자답다는 말　177
청바지와 미스터 리　184
집안일 전쟁　191
아기 낳기 좋은 때　197
월급쟁이 교수　204
이류상희 되기　212
엄마 같은 교수　218
무례한 선의　225
세라 넬슨을 만나다　231
완경과 할머니 가설　238
목욕탕의 비너스　245
라면 연대　251

에필로그 죽과 밥의 연대　258

배우는 인류 ― ①

어쩌다 고인류학자

찰스 다윈Charles Robert Darwin 다음으로 유명한 생물학자라는 스티븐 제이 굴드Stephen Jay Gould는 다섯 살 때 아버지와 함께 찾은 뉴욕의 자연사박물관에 전시된 공룡을 본 다음부터 고생물학자를 꿈꾸었다고 회고한다. 과연 굴드는 고생물학에 평생을 바쳤다. 유명한 이야기다. 인생에서 성공을 이룬 사람이라면 대체로 어린 시절에 푹 빠졌던 관심사가 평생에 걸친 열정으로 이어지는 서사 하나쯤은 지닌 듯하다. 동료 교수들에게서도 분야를 불문하고 어린 시절 '결정적 만남'을 계기로 싹 틔운 열정을 평생토록 간직하며 키워왔다는 이야기를 자주 들었다. 내게도 그런 낭만적인 사연이 있으면 좋으련만.

'어떻게 고인류학을 공부하게 되었나?'라는 질문을 자주 받는다.

나는 답을 할 때마다 질문자가 기대하는 '평생 열정' 같은 대답을 내놓지 못한다는 생각에 괜히 움츠러들었다. 내게는 고인류학과의 운명 같은 만남 혹은 사랑에 빠진 순간이 별달리 없기 때문이다. 내심 나도 근사하게 보이고 싶다는 욕심이 있었던가 보다. 이제는 나이가 들어서인지 남들의 기대에 부응하든 못 하든 있는 그대로의 내 이야기를 한다.

박물관에 가서 전시를 보는 일도, 공연에 가서 연주를 듣는 일도 교육으로써 중요하다. 그렇지만 어린 시절의 관심사를 평생의 업으로 이어가는 사람이 몇이나 있겠나. 나는 '어쩌다 보니' 고인류학자가 되었다.

어릴 적에는 고인류학이라는 학문이 있다는 사실조차 몰랐다. 많은 사람들처럼 나 역시 고등학생 시절 생물 교과서 끄트머리에서 인류의 진화를 처음 접했다. 그것도 오스트랄로피테쿠스—호모하빌리스—호모에렉투스—네안데르탈인—크로마뇽인으로 이어지는 간단한 내용이었고, 대입 시험에 출제될 가능성이 거의 없다는 생각에 크게 눈여겨보지도 않았다.

학부생 시절 전공선택과목으로 수강한 '인류의 진화' 강의에서 문화인류학을 전공한 신임 교수에게 훨씬 풍부한 내용을 배우며 좋은 성적도 받았지만 그것으로 끝이었다. 고고학과 학부생이었던 나는 주말과 방학을 모두 발굴장에서 보냈다. 당시에는 다른 선택지가 없다고 생각했기에 공부를 계속하기로 마음먹었지만 고고학을 하고 싶지는 않았다. 먼지투성이 발굴 현장에서 그만 벗어나고 싶었다.

때마침 한국고등교육재단 장학생으로 선발되어 미국에서 유학할 기회가 생겼다. 뛰어난 인재를 선발해 미국으로 유학을 보내주는 환상적인 프로그램이었다. 내가 발탁될 줄은 꿈에도 몰랐다. 곧 미국 대학원에서 연구할 분야를 선택해야 했다. 그때 학과에서 새로운 돌풍을 일으키던 이선복 교수의 강력한 추천으로 고인류학을 고려하게 되었다. 미국에서 공부를 마치고 갓 부임한 이 젊은 교수는 고대사의 한 분야인 고고학이 아니라 과학으로서의 고고학, '신고고학'을 학생들에게 가르치던 참이었다. 덕분에 나 역시 1960-1970년대 미국 고고학계를 휩쓴 신고고학 바람의 영향권에 들 수 있었다. 인문학에서 과학으로의 큰 변화를 감당해야 했지만 내게는 그것이 오히려 매력으로 느껴졌고 아직 국내에서 연구되지 않은 학문을 공부하면 귀국 이후 새로운 분야를 개척할 수 있으리라는 생각도 있었다.

솔직히 말하면 당시에는 더 깊은 공부를 향한 갈망보다 집을 떠날 수 있다는 기쁨이 컸다. 숨 막히는 집안 분위기에도 정면으로 맞서 싸울 그릇은 되지 못한 나였다. 그 시절 장성한 여자가 집을 나올 명분은 결혼뿐이었다. 하지만 부모님의 집에서 벗어나자고 경제적 독립을 이루지 못한 채 결혼해 남자가 벌어오는 수입에만 의존해 살기는 싫었다. 내가 원한 것은 분가가 아니라 독립이었다. 그러니까 그때도 고인류학을 공부하겠다는 순수하고 원대한 뜻이 있었다고는 말하지 못하겠다.

　영어 원서가 귀하던 시절이었다. 언젠가 아버지가 외국 출장에서 돌아오던 길에 대학 입학 선물이라며 사 온 로저 레윈Roger Lewin과 리처드 리키Richard Leakey의 *Origins*를 유학을 앞두고서야 꺼내 읽기 시작했다. 책에 등장하는 고인류학은 그동안 학교에서 배웠던 단순 암기 과목이 아니었다. 지금은 한 줌 화석으로 남은 옛 인류의 흔적에서 인간다움의 기원을 찾는 학문이었다. 원시인은 구부정한 모습으로 무기를 들고 서로를 물어뜯고 잡아먹는 괴물이 아니라 협동과 양보를 통해 삶을 살아간 인간미 넘치는 존재였다. 그제야 이 공부를 계속하고 싶어졌다.

　고인류학에 열정이 생긴 것은 대학원에 진학하고 나서부터다. 대학원생이 되고 보니 고인류학은 뼛속부터 과학이었다. 고등학교부터 문과였던 내가 받아온 과학 교육은 꽤 거칠었다. 생물, 화학 등의 과목을 배웠지만 좋은 성적을 얻기 위한 공부였을 뿐 의무교육 12년을 마치도록 실험실에는 들어가 본 기억이 없다. 교과서에 나온 내용만을 머리로 익히기 바빴다. 학부생 시절에는 독특한 졸업 논문 주제를 고른 덕에 과학적인 무언가를 해볼 기회가 있었다.

무기재료학과 류한일 교수의 실험실에서 한국 선사시대 토기 파편의 X선 형광분석을 통해 분자 구성을 알아보는 연구를 했다. 평생 처음 발 디뎌본 실험실에서 재미를 느끼기도 했지만 이때도 과학적인 사고 방법을 제대로 훈련받지는 못했다.

과학적 사고법은 내게 고인류학 연구를 추천한 교수가 이끄는 스터디그룹에서 조금씩 배웠다. 가설을 세우고, 자료를 객관화·개체화하고, 그 자료를 모아 가설을 검증하고, 이 과정을 되풀이하면서 그림을 완성해 가는 과학적 접근법은 당시 역사학 계열에 속해 있던 고고학 분과에서는 참신하고 새로운 접근법으로 여겨졌다. 나 역시 이 새로운 세계에 푹 빠져들었다.

미국의 대학원에서 생소한 분야를 기초부터 공부해야 하는 압박감은 상당했지만, 한편으로는 꽤 재미있었다. 미적분 수학, 물리학을 공부해 본 적이 없었기에 기초를 다지려고 안간힘을 썼고, 내게 깊은 인상을 남긴 *Origins*에서 보았던 그림을 과학적 접근법을 통해 점차 실현할 수 있었다. 자료로 검증할 수 있는 가설을 세우고, 화석으로 남겨진 뼈의 생김새를 수치로 환산해 계측하고, 통계적 분석을 통해 관찰된 자료가 가설과 부합하는지 계산해서 답을 내는 과정은 깔끔하고 분명했다. 정답이 없는 인문학적 사고법에서 느낄 수 없는 명료함이었다.

고인류 화석을 연구하던 대학원 과정을 끝내고, 유전자를 중심으로 인류의 진화를 공부하는 박사후연구원(포스트닥) 과정을 시작했다. 이 시기를 기점으로 나는 여태껏 알아온 고인류학과는 완전히 다른 고인류학을 만나게 되었다. 인류의 진화를 유전학적으로 접근해 연구하는 시류는 1990년대 들어서야 서서히 상승하기 시작했다. 그러니까 당시로서는 비주류였던 연구 방식이다. 그러다 21세기 들어 화석에서 유전자를 추출하는 과정이 정교해지고, 현생인류의 유전자 자료가 늘어나고, 무엇보다 이 모든 과정에 드는 비용이 엄청나게 낮아지자 유전학적 분석 연구는 비로소 고인류학의 중심부에 당당히 들어섰다. 지금은 맨눈으로 볼 수 있는 화석의 형태 못지않게 화석에서 추출한 성분을 유전학이나 생화학적인 방법으로 분석하는 연구가 대세다. 내가 발을 들였던 한 세대 전의 고인류학과는 매우 다른 흐름이다.

   21세기 고인류학계에는 방법론의 혁신과 함께 새로운 문제도 대두했다. 고인류학이 탄생한 비밀의 흑역사가 전면에 등장한 것이다. 미국 고인류학의 모체인 형질인류학은 우생학, 인종차별, 인종혐오와 뗄 수 없는 과거를 가지고 있다. 그때 형질인류학은 어두운 과거를 청산하기 위해 문제를 정면으로 돌파하는 방법 대신 오로지 과학적인 접근 방식만을 택해 과학적 학문 분야로 인정받는 전략을 취했다. 결국 비판의 화살은 내가 고인류학의 매력으로 손꼽은 과학적 접근 방식 자체로 향했다. 형질인류학이 중요하게 여겨

온 '객관적 자료'는 소외 계층에서 약탈한 몸과 뼈와 피에서 왔다. 이후 미국 형질인류학계는 아무리 객관적이고 건조한 자료라고 해도 실제 존재했던 삶과 절대 분리될 수 없다는 점, 그 자료에 담긴 정치·경제적 배경과 억압에 대해 다음 세대에게 분명히 가르치기 시작했다. 오래전 머나먼 곳에서 살던 고인류를 연구하는 고인류학 역시 현재의 형질인류학과 분리해서 생각할 수 없다. 미국에서 형질인류학은 '생물인류학'이라는 이름으로 새롭게 다시 태어났다. 여전히 학계는 성장통을 겪고 있으며 고인류학 역시 마찬가지다. 이 시기를 통과한 인류학이 미래에 어떤 모습으로 변해 있을지 기대된다. 그 미래는 오늘의 세대가 만들고 있다.

이제 은퇴를 생각할 나이가 되었지만 매순간 나는 새로운 고인류학을 만나고 있다. 고인류학과의 만남은 한순간에 이루어지지 않았다. 평생을 통해 몇 번을 다시 만나면서 매번 새로운 경험을 하고 있다. 이다음에 만날 고인류학은 어떤 모습을 하고 있을지 궁금해진다.

명함에는 없는 이야기

　명함에는 일반적으로 이름과 직위가 적힌다. 직위가 바뀌면 명함을 새로 만든다. 이전의 명함은 더 이상 유효하지 않다. 나는 이제 과거가 된 그 명함들을 기념으로 하나씩 간직하고 있다.

　내가 처음으로 만든 명함에는 '박사 예정자PhD Candidate'라는 직함이 적혀 있다. 박사 논문 집필 전까지의 모든 과정을 수료한, 논문 통과만을 앞둔 박사 과정 수료생이라는 의미다. 얼마 전까지만 해도 박사 예정자는 박사와 거의 비슷한 대우를 받았다. 강사로 취업할 수 있고, 교수로 임용되기도 했다. 박사 논문이 곧 통과되리라는 전제하에 임용하는 것인데 논문을 쓰지 않아도 교수 임용이 취소되지는 않았다. 박사 논문 집필(과 통과)은 결코 쉬운 일이 아니다. 중도 포기자도 많다. 나 역시 깜깜하고 긴 터널에 갇힌 기분으로 논문 집필 시기를 통과했다. 당시에는 지옥문 앞에 선 심경이었지만 지나고 보니 나만 유독 힘들었던 것도 아니고, 인생에서 가장 끔찍했던 경험도 아니다.

박사 졸업 후 새 명함을 만들기도 전에 박사후연구원(포스트닥)의 기회가 열렸고, 나는 주저하지 않고 일본으로 갔다. 그때 일본에서 만든 명함 앞뒤로는 영어와 일본어 이름이 적혀 있다. 화석을 연구하던 내가 유전학 연구소로 자리를 옮겼다. 그때까지 내게 생소한 학문이었던 유전학을 새로 배우느라 고생을 좀 했지만 무사히 포스트닥 과정을 마치고 미국 다학의 조교수로 임용되었다.

미국 생활을 앞두고 동문수학한 친구의 집에 초대받아 오랜만에 조금은 어색하게 이야기를 나누던 중 그의 아내가 말했다. "어휴, 부러워요. 이 사람은 유색인종도 여자도 아니라서 자리 잡기가 너무 힘드네요." 친구는 자신이 훨씬 더 좋은 대학으로 갈 것이라고 장담했고 얼마 후 과연 그렇게 되었다. 나 역시 내심 소수민족 여성이라 교수 자리를 받은 건지도 모른다는 의심을 품고 있었는데, 막상 다른 사람의 입으로 그 말을 들으니 괴로웠다.

나중에야 알았지만 내가 교수로 임용되는 과정에 소수민족 여성이라는 정체성이 전혀 고려되지 않은 것은 아니었다. 교수 채용 과정이 진행되던 당시 나보다 더 유력한 채용 후보자가 있었고, 학교는 고인류학 분야 교수를 채용할 계획도 없었다고 한다. 그런데 소수민족 여성을 적극적으로 지원하자는 움직임이 있어 나를 채용 후보자로 올렸고, 캠퍼스로도 불러 인터뷰(면접)를 진행한 것이다. 나는 인터뷰 과정에서 유력 후보자를 제치고 결국 교수로 채용되었다.

　　조교수가 된 후 새로 명함을 만들었지만 한편으로는 내가 교수 깜냥이 되지 못한다고 생각해서, 실력이 없다는 사실이 들통날까 봐, 스스로를 증명해 보이려고, 교수 자격을 인정받으려고 무진 애를 썼다. 갈등과 편 가르기가 난무하는 학과 내 교직원들의 정치에는 신경을 끊고 오로지 연구 논문을 내는 데에만 힘을 쏟았다. 냉철하고 객관적인 분석으로 인류의 진화에서 중요한 주제들에 접근했다. 정신없이 달린 끝에 테뉴어(종신 임용 보장 제도) 심사를 통과하고 정년 보장 교수가 되었다. 부교수라는 새로운 직함과 명함이 생겼다. 부교수가 되자 전에 없던 안정감이 찾아왔다. '인류의 진화'라는 주제로 대중과 소통하기 시작했다. 처음에는 일반에 널리 읽히는 글을 쓰는 학자를 두고 학계가 어떤 평가를 내릴지 두려웠지만, 대중적 글쓰기는 차츰 내게 학계의 평가보다 중요하고 의미 있는 일이 되었다.

　　부교수 시절에는 총 네 개의 명함을 만들었다. 다양한 행정직을 겸직했기 때문이다. 이때 나는 처음으로 조직생활을 경험했다. 학과장이 되고, 다양한 부학장직을 맡으면서 상사와 부하직원도 생겼다. 남들보다 늦은 나이에 처음 겪는 조직생활은 재미있기도 했지만 매 순간이 놀라움과 새로움의 연속이었다. 마침 한국에서 드라마 〈미생〉과 〈나쁜 녀석들〉이 방영되던 때라 텔레비전으로 조직생활을 배우기도 했다. 물론 내가 속한 대학 조직이 드라마 속 집단처럼 극적이거나 폭력배 같지는 않았지만, 조직 내 다양한 인간군상을 보면서 지위와 직함과 계급으로 사람이 어떻게 얼마나 변하고 달라질 수 있는지를 간접적으로 경험했다.

내 피부색과 성별, 외모가 내 지위와 어울리지 않는다고 생각하는 사람이 적지 않다는 사실도 그때 알았다. 한번은 누가 내 사무실 문을 노크했다. 나는 "들어오세요"라고 대답했다. 조심스럽게 문을 연 초면의 손님은 두리번거리며 책상에 앉은 내게 물었다.

"부학장님을 뵈러 왔는데 어디 계신가요?"

사무실 문에는 내 직위와 이름이 적혀 있고, 사무실에 있는 자리라고는 사무실 주인이 사용하는 책상과 단출한 손님용 의자뿐이다. 책상에는 내가 앉아 있다. 그런데도 당연스레 나를 비서라고 생각하는 사람들이 있었다. 명함을 내밀면 그제야 나를 보면서 당황하는 상황도 적잖게 벌어졌다. 이곳에서 나는 대다수에게 익숙하지 않은 이름을 가진 사람이다. 내 이름의 철자를 틀리게 쓰거나 기억하는 사람도 부지기수다. 그럴 때마다 내가 이방인이라는 사실을 실감한다. 하지만 이것이 내가 미안해야 할 일은 아니다. 그들이 미안해야 할 일이지.

정교수로 승진하면서는 새로 명함을 만들지 않았다. 명함을 교환하는 일이 내게 더 이상 의미가 없어지기도 했고, 상대에게는 영원히 낯설 명함 속 한국식 이름을 눈앞에 내미는 일이 지루해졌기 때문이기도 했다.

2018년에는《인류의 기원》영문판 *Close Encounters with Humankind* 출간을 계기로 하웰즈상을 받았다. 미국 인류학회의 생물인류학 분과가 매년 우수 도서를 선정해 수여하는 상이다. 상과 트로피를 함께 주는데, 근사하고 묵직한 트로피에는 저자와 책 제목이 새겨진다. 그런데 그 상에 내 이름의 철자가 틀리게 표기되어 있었다. 그 오타가 꼭 '너는 이 상을 받을 자격이 없다'고 말하는 것만 같아서, 나는 한없이 움츠러들었다. 시상식에서도 나는 계속 뒷걸음질 쳤다. 이 자리를 어서 벗어나고 싶다는 생각뿐이었다.

악몽 같은 시상식을 치른 지 며칠 되지 않아 한 대학원생에게 뜻밖의 이메일을 받았다. 그는 나의 수상을 축하하면서도 시상식 사진을 두고 날카로운 지적을 서슴지 않았다. 사진에는 웬 백인 남자가 자신이 상이라도 받은 양 내가 받을 트로피를 당당하게 거머쥔 채 단상 한가운데에 서 있었다. 그는 하웰즈상의 수상 위원장이었다. 뒤로 밀려난 채 소극적인 자세로 서 있는 작은 체구의 아시아인 여성, 자신이 주인공인 양 무대 한가운데 선 백인 남성. 미국 선주민 여성운동가이기도 한 이메일의 발신자는 그 사진에서 짙은 상징성을 느꼈을 것이다. '나와 같은 소수민족 여성인 당신이 상을 받아 더 기쁘다'는 이메일의 끝맺음에서 뼈가 느껴졌다.

그제야 깨달았다. 내게는 나서야 하는 책임이 있었다. 나서기 싫어하는 성격을 핑계 삼는 것도 일종의 책임 회피가 될 수 있었다. 나 같은 사람이 전면에서 활동하는 모습을 보면서 힘을 얻을 사람들이 있었다.

나는 그 후로 공식적인 자리에 설 때마다 쥐구멍이라도 찾아서 숨고 싶은 마음을 억누른 채 앞으로 나가 사진을 찍었다. 공교롭게도 같은 해 미국의 과학진흥협회AAAS에서 나를 펠로로 선정했다. AAAS는 미국 과학기술계를 대표하는 학술단체로, 매년 과학의 발전과 부흥을 이끌고 사회·과학적으로 특출한 진보를 가져온 과학자들을 펠로로 선임한다. 미국에서는 과학자로 인정받는다는 사회적 상징을 지니는 자리로, AAAS 펠로를 보유한 대학교는 순위가 올라가기 때문에 학교에서도 반기는 분위기다. 2025년에는 미국생물인류학협회에서 주는 공로상을 받았다. 감사하게도 단상에 설 기회가 이어졌다.

비슷한 시기에 유튜브 채널을 만들어 한국어로 올린 영상이 좋은 반응을 얻자 영어로도 영상을 업로드했다. 한국어 영상이든 영어 영상이든 인류의 진화를 다루는 콘텐츠에는 항상 악성 댓글을

다는 일부 무리가 있다. 성차별성 악플도 예사로 달린다. 영어 영상 댓글에는 성차별에 인종차별까지 더해졌지만 나는 개의치 않았다. 나를 응원하고, 내 모습을 보면서 힘을 얻는 사람들이 있다는 걸 알고 있기 때문이다.

이제 명함은 필요 없어졌지만, 아시아인 여성으로서 학교 역사상 최초로 교수의회 의장으로 당선되던 순간이나, 한국의 언론에서 나를 소개하며 내 이름 앞에 당연하게 붙이곤 하는 '대한민국 최초의 고인류학자'라는 수식어를 마주할 때면 마음속에는 새로운 명함이 차곡히 쌓여간다.

루시의 50회 생일을 축하하며

2024년 4월에 발행된 〈사이언스〉지의 표지 모델은 50세가 된 루시였다. 물론 루시는 50세가 아니라 330만 년 된 고인류 화석이다. 화석 발견 50주년을 기념해 고인류 복원의 대가인 존 거치John Gurche가 만들어낸 이미지는 여태껏 우리가 보아온 루시와 크게 다르지 않다. 그도 그럴 것이 발견된 뼈에는 변함이 없기 때문이다. 작은 몸집과 머리, 털로 덮인 몸은 직립보행을 했다는 점 외에 침팬지와 크게 다르지 않다는 학계의 입장을 대변한다.

그런데 이 표지 속 루시는 어딘지 모르게 달라 보인다! 새로운 루시는 또렷한 눈빛으로 먼 곳을 응시하고 있다. 굳게 다문 입은 삶이라는 모험에 대한 자신감을 드러낸다. 살짝 올라간 입꼬리에서 모험을 향한 호기심과 흥분을 읽을 수 있다. 이 모든 것이 나의 주관적인 해석일까? 루시의 인상은 뼈와 화석으로 남아 있지 않은 부분에서 전해진다.

그동안 교과서와 대중매체, 박물관 등지에서 대중과 만나온 루시는 한없이 연약한 모습이었다. 입은 반쯤 벌어져 있었고, 곁눈질하는 눈동자는 어딘가 불안한 인상을 풍겼다. 330만 년 전, 작은 몸집과 작은 두뇌로 살아야 했던 연약한 고인류로서는 당연한 모습일 수도 있겠다. 그러나 루시와 함께 등장하는 남자(수컷) 아파렌시스는 다른 분위기를 띤다. 미국 자연사박물관에 전시된 오스트랄로피테쿠스 아파렌시스 커플은 큰 몸집의 남자 아파렌시스가 작은 몸집의 여자 아파렌시스의 어깨에 팔을 두른 자세부터 대중에게 강렬한 인상을 남겼으며 그만큼 강한 비판도 받았다. 불안해하는 여자 아파렌시스의 어깨를 감싼 채 묵묵히 앞을 응시하는 믿음직한 남자 아파렌시스가 이루는 대조는 비판의 대상이 될 수밖에 없었다.

세월이 흐르고 학계와 시대의 변화에 맞게 루시도 조금씩 변해갔다. 벌어졌던 입은 닫혔고 눈빛은 또렷해졌다. 그런데 변하지 않는 부분도 있었다. 바로 가슴이다. 루시의 가슴은 언제나 컸다. 박물관 전시실의 루시, 삽화로 그려지는 루시 모두 큰 가슴을 지니고 있었다.

대체로 포유류 동물은 수유하는 동안에만 가슴이 커진다. 그 외에는 암수의 가슴 모양 차이가 그다지 크지 않다. 현생인류가 수유를 하지 않는 상태에서도 계속 큰 가슴을 유지하는 현상은 인류의 진화에서 흥미로운 연구 주제였다. 그도 그럴 것이 가슴은 지방세포로 이루어진다. 지방세포가 많다고 유선이 더 발달하는 것도 아니며, 모유를 더 많이 생산하는 것도 아니다. 수유하는 동안에만 가슴이 커지는 여타 동물과 달리 인류가 2차 성징 이후 항상 커진 상태의 가슴을 가지게 된 것이 언제부터였을지는 확실하지 않다. 임신 수유 여부와 상관없이 큰 상태의 가슴은 현재 여성을 상징하는 대표적인 표상일 테다. 하지만 언제나 그랬으리라는 확증은 없다. 더군다나 3백만 년 전 침팬지와 흡사한 인류의 조상이라면 더욱 그렇다.

루시의 큰 가슴은 루시가 여자임을 암묵적으로 드러낸다. 하지만 루시가 여자라는 확증 역시 없다. 루시라는 별명을 얻은 화석 개체에게는 엄연히 고유 번호 AL 288-1이 있다. 그러나 갓 박사 학위를 얻어 교수가 된 도널드 요한슨Donald Johanson은 AL 288-1을 발견하자마자 루시라는 여자 이름을 붙였다.

뼈만 보고 성을 구별하기는 쉽지 않다. 성별을 가르는 특성을 가진 신체 기관은 난소와 정소 같은 1차 성징의 결과든, 젖줄이 커진 가슴과 발달한 고환 같은 2차 성징의 결과든 모두 말랑말랑한 연조직으로 구성된다. 연조직은 화석으로 남지 않는다. 화석으로 남은 뼈와 이빨만으로는 성별을 구별해 내기 어렵다. 인간 이외의 동물 뼈로도 암수를 구별하기는 쉽지 않다. 종 특성상 암수의 몸집에 차이가 있다면, 송곳니나 뿔처럼 성별에 따른 신체적 차이가 있다면 그것으로 성별을 추정한다.

인간에게는 뿔도 없고 치아나 몸집에 따른 성별 차이도 거의 없다. 뼈만 가지고는 인간의 성별을 확언할 수 없다. 그런데 특이하게도 골반이 성별 감정에 사용된다. 골반뼈가 남아 있는 경우, 꽤 정확한 성별 추정이 가능하다.

루시라는 별칭을 얻은 고인류 화석 AL 288-1은 과학적 검토 하에 여자로 판명된 것이 아니다. 화석을 발견한 도널드 요한슨은 현장에서 화석 조각들을 수습해 야전 현장으로 가져온 다음 화석을 손질하고 기록하는 정리 작업을 했다. 당시 실내에는 비틀스의 유명한 노래 〈다이아몬드 가득한 하늘에 있는 루시Lucy in the Sky with Diamonds〉가 흐르고 있었다. 요한슨은 이 노래를 들으며 작업하다 AL 288-1에게 루시라는 이름을 붙였다고 한다. 고인류학계에 잘 알려진 탄생 설화를 생각해 보면 어딘가 조금씩 이상한 부분이 있다.

요한슨이 화석을 수습하고 정리하는 중에 노래를 들으면서 루시라는 이름을 붙였다면 이미 AL 288-1이 여자였다는 심증을 가졌다는 뜻이다. 요한슨은 왜 AL 288-1을 여자라고 생각했을까? 요한슨은 이후 화석의 작은 크기와 골반의 생김새를 근거로 그렇게 판정했다고 밝혔다. 이로써 이야기는 더욱 흥미로워진다.

요한슨이 AL 288-1을 발견했을 당시 오스트랄로피테쿠스 아파렌시스의 몸집은 모두 비슷하게 작았다. 아파렌시스 중 몸집이 큰 개체들은 나중에야 발견되었다. 달리 말하면 그때의 아파렌시스는 모두 작았으며 요한슨에게는 AL 288-1이 특별히 작은 개체라고 판단할 근거가 없었고, 따라서 여자라고 추정할 근거도 없었다는 뜻이다. AL 288-1의 골반 화석 역시 조각만 남아 있어서 성별을 판정하기에는 무리였다. 그뿐만이 아니다. 인간의 골반으로 성별을 추정할 수 있는 이유는 여성이 큰 머리의 태아를 출산하기 때문이다. 루시 같은 초기 인류도 큰 머리의 태아를 출산했을지는 알 수 없다. 초기 인류의 머리는 그다지 크지 않다. 오스트랄로피테쿠스의 머리 크기는 현생인류의 신생아 두뇌 용량과 비슷한 400cc가량이다. 초기 인류의 머리가 작다면, 골반을 기준으로도 성별을 추정할 수 없다. AL 288-1의 골반뼈가 제대로 남아 있지도 않다는 사실을 감안하면 더더욱 그렇다.

AL 288-1의 성별 추정에 문제를 제기한 학자들은 AL 288-1이 여자가 아니라, 작은 몸집을 가진 또 다른 종의 개체라고 주장했다. 이들은 아파렌시스가 인간처럼 두 발 걷기만 한 것이 아니라 나무타기를 병행했다는 가설을 제시했다. 이들의 주장이 큰 주목을 받지 못했던 이유는 요한슨과 오언 러브조이C. Owen Lovejoy가 학계에서 차지하던 위상과 어느 정도 관계가 있다. 요한슨은 제2차 세계대전 이후 미국이 강대국으로 급격히 부상하면서 주류가 된 미국의 고인류학계에서 압도적인 지지를 받는, 떠오르는 별 같은 젊은 남성 학자였다. 젊고 잘생긴 요한슨의 가설에 비판을 제기한 학자들은 여성 혹은 유럽계였다. 학자들의 성별과 국적이 학문의 토론장에서 공개적으로 평가 요인이 되지는 않지만 비공개적으로는 분명 영향을 받는다. 그들의 의견이 크게 주목받지 못한 것이 미국 남성이 주류인 학계에서 아웃사이더 계층이었기 때문이 아닐지 의심하게 된다.

50년이 지나 과학 잡지의 표지를 장식한 루시는 온몸의 털 사이로 크고 작은 근육을 드러내고 있다. 두툼한 젖가슴은 사라졌고 탄탄한 가슴근육이 그 자리를 대신하고 있다. 여자인지 남자인지도 불분명하게 묘사되었다. 루시의 성별 추정이 그렇게 중요한 일이 아니게 되었다는 의미로 해석하려 한다. 수백만 년 전의 인류 조상이 남긴 화석을 보면서 남자인지 여자인지부터 따져 묻거나 그것을 토대로 성별 고정관념을 덧씌우지 않는 성숙한 단계에 이르렀다는 뜻으로 해석하고 싶다.

50세는 평균적인 인간 여성에게도 특별한 나이다. 배란 주기를 경험하던 여자들은 평균 50세를 기점으로 완경을 겪으며 인생의 새로운 장을 연다. 50세를 맞이한 루시에게도 과연 새로운 장이 열릴까?

몽고점과 칭기즈칸

미국 미시간에서 유학하던 때 한번은 아파서 병원에 갔다. 대기실에서 진료실로, 진료실에서 다시 진료대 위로 자리를 옮기며 하염없이 기다리다 드디어 의사를 만났다. 그런데 진료대에 누운 나를 두고 의사가 뭔가 머뭇거리는 게 아닌가. 경험이 많지 않은 의사인가 싶었는데 조심스러운 질문이 들려왔다.
"어쩌다 몸에 이런 멍이 들게 됐죠?"
내 몽고점에 대한 질문이라는 걸 이해하기까지 몇 초가 걸렸고, 가정 폭력 의심에서 비롯한 걱정과 우려를 숨기지 못해 조심스러운 말투가 되었다는 걸 파악하기까지도 그 후로 몇 초가 더 걸렸다.
나는 "남자친구가 딱 한 번 실수했어요. 다시는 그러지 않겠다고 약속했어요"라고 농담을 하려다가, 의사의 진지한 얼굴을 보고 생각을 바꿨다. 그리고 설명했다.

"태어날 때부터 있던 점이에요."

의사는 고개를 끄덕였지만 그 속마음은 알 수 없었다. 하나는 분명했다. 그는 몽고점을 몰랐다. 몽고점은 갓 태어난 아기의 등과 엉덩이 부위에서 흔히 볼 수 있는 푸른색 반점이다. 태아 발생기에 멜라닌 색소가 진피층에 머물면서 생기는 푸른 멍인데 유아, 아동기를 거치면서 없어지다가 대체로는 완전히 사라진다. 어른이 될 때까지 남는 경우도 있지만.

아시아인이 많지 않은 미국 중서부 미시간에서는 몽고점이 의사가 정색하고 물어볼 만한 일일지도 모르겠다. 아시아인이 비교적 많은 캘리포니아에서는 아마 심드렁하게 지나칠 것이다. 몽고점은 아시아인에게 많이 나타나지만 아시아인에게만 보이는 특징은 아니다. 미대륙의 선주민인 아메리칸인디언, 아프리칸아메리칸에게도 나타난다. 유색인종이 어느 정도 섞인 집단에서는 어렵지 않게 볼 수 있는 신체 특징이라 할 수 있다. 즉, 전 세계에서 두루 나타나는 현상이지 특정 집단에서만 두드러지는 현상이 아니다. 오히려 몽고점이 거의 발견되지 않는 북서 유럽 집단이 특이한 것이다.

한국에서는 신생아의 97퍼센트가 몽고점을 가지고 태어난다. 우리는 몽고점을 삼신할미 설화로 설명하고는 한다. 태어나려고 안간힘을 쓰는 아기의 엉덩이를 삼신할미가 때려서 생긴 멍이라나.

하지만 앞서 설명했듯 몽고점은 한국 아기에게만 나타나는 것은 아니다. 몽고점이라는 이름과 달리(영어로도 Mcngolian spot이다) 몽골인에게만 나타나지도, 몽골인의 유전자를 가진 사람에게만 나타나지도 않는다. 칭기즈칸이 태어날 때 숨을 쉬지 않아서 등을 때렸는데 그때 멍이 들어서 칭기즈칸의 자손들에게 유전된다는 이야기는 삼신할미 설화만큼이나 비과학적이다.

그러고 보면 몽골이 들어간 단어가 적지 않다. 이곳 미국의 중국 음식점에서는 몽골식 소고기 요리Mongolian beef가 인기 메뉴로 판매되며 K-문화가 지금처럼 유행하기 전에는 몽골식 바비큐 Mongolian BBQ도 인기를 끌었다. 몽골이나 칭기즈칸이 서구에서는 어딘지 모르게 신비하고 이국적인 분위기를 풍기기 때문일 테다.

몽고점 외의 신체 용어에서도 몽골이란 말을 꽤 찾아볼 수 있다. 몽고주름Mongolian fold은 눈시울을 덮는 눈꺼풀로 성형수술에서 앞트임을 할 때 절개하는 부위다. 몽골 초원의 무시무시한 모래바람으로부터 눈을 보호하기 위한 적응이라고 해석하지만, 바람이 많은 지역에 사는 사람은 몽골인 외에도 많다 몽골 낯붉힘Mongolian flash은 술을 마시면 얼굴이 붉어지는 현상을 일컫는다. 아시아인에게 흔히 나타나는 증상이지만 몽골사람에게 특별히 더 많이 발견되지는 않는다.

신체 용어 속 몽골은 고비사막과 칭기즈칸의 나라를 의미하지도 않고 어딘가 신비롭고 이국적이라는 이유로 사용되지도 않았다. 이때 몽골은 인종분류학의 역사에서 비롯한 용어다. 몽골리안은 몽골인이라는 뜻이 아니라 황인종이라는 뜻이다. 블루멘바흐Johann Friedrich Blumenbach의 유명한 5인종 분류에서 기원한 이름이다.

  대륙 간 교통이 발달하면서 유럽인들은 전 세계에 자신들과 외형이 다소 다른 다양한 사람들이 살고 있다는 놀라운 사실을 맞닥뜨렸다. 이 사람들이 과연 정말 사람인지, 사람과 비슷하게 생긴 짐승에 불과한지, 언젠가는 사람이 될 중간 단계의 과도기 사람인지 논란이 분분했다. 물론 여기서 '사람'은 북서유럽인을 뜻했다. 독일의 인류학자 블루멘바흐는 이 정신없이 다양한 '사람 비슷한 사람들'에 대한 논란을 정리해 깔끔한 분류법을 제시했다. 사람을 코카시언(화이트), 이디오피언(블랙), 말레이(브라운), 아메리칸(레드), 몽골로이드(옐로)의 다섯 개 인종으로 나눈 것이다. 사는 지역, 피부색, 관상학적 얼굴 생김새(머리카락과 눈코입의 형태), 몸집 등을 분류 기준으로 삼았다.

  인종분류학의 핵심은 외형과 더불어 육안으로 확인할 수 없는 특징까지도 인종의 특성으로 열거했다는 점에 있다. 부지런함, 게으름, 똑똑함, 덜 떨어짐, 간교함, 고상함, 위대함 등 추상적인 특징이 인종 분류 기준에 포함되었다. 물론 최상의 성격 특성은 모두 백인종에게 부여되었고, 최고의 사람인 백인종을 제외한 다른 모든 인종은 '유색인종'이 되었다.

이 분류법은 인류학뿐 아니라 사회사적으로도 큰 영향을 끼쳤다. 마치 인종이 뚜렷하게 구분될 수 있는 생물학적인 단위라는 인상을 전 사회에 심어주게 된 것이다. 인종이 생물학적인 단위라는 생각과 함께 부지런함, 게으름 같은 성향 역시 인종에 특유한 생물학적인 특징이라는 인식이 널리 퍼지게 되었다.

1883년 독일의 인류학자 발츠Erwin Bälz는 일본에 살고 있었다. 메이지 왕실의 전담 의사이기도 했던 그는 일본 아기들에게서 보이는 푸른 반점을 보고 몽고점Mongolenfleck이라 이름 붙였다. 일본점이 아니라 몽고점이라고 한 이유는 바로 블루멘바흐의 인종 분류법을 따랐기 때문이다. 동북아시아 사람은 모두 몽골인, 그러니까 황인종이었다.

인종 분류법에서 유래한 명칭 중 가장 주목받은 용어는 '몽골리즘'일 것이다. 20세기 말까지도 사용된 이 용어는 다운증후군을 가리키는 말이었다. 1866년, 의사 존 다운Johr Down은 '몽골성 천치Mongolian idiocy(몽골성 백치, 몽고인형 백치 등으로도 번역된다)'를 의학계에 발표했다. 생김새나 지적 발달 수준이 황인종 같다고 해서 붙은 이름이다. 몽골성 천치 혹은 몽골리즘이라는 용어는 계속되는 비판과 항의에도 불구하고 쓰임이 유지되다가 100년이 지난 1965년이 되어서야 국제기구인 WHO가 해당 질환을 다운증후군으로 부르기를 권장하면서 차츰 사라지기 시작했다. 하지만 20세기 말까지도 일각에서 통하는 이름이었다. 다행히 21세기인 현재는 멸칭으로, 사용하지 말아야 할 용어가 되었다.

생물학적인 현상에 몽골이라는 인종분류학적 용어를 쓰는 경향은 21세기 들어 거의 사라지는 추세다. 몽고주름은 눈꺼풀 epicanthic fold이라 부른다. 지금 아시아인을 몽골리안이라 부르는 사람이 있다면 매우 나이가 많고 사회에서 고립된 사람일 것이다. 몽골 낯붉힘 또한 더 이상 쓰지 않는다. 그냥 술을 마시면 얼굴이 벌게진다고 표현한다.

몽고주름이라는 용어는 없어졌지만 아시아인 혐오 표현인 눈찢기 제스처 '슬릿 아이slit eye'는 아직 남아 있다. 영화 〈티파니에서 아침을〉(1961)에 등장하는 코믹한 조연 일본인 집주인 유니오시를 연기한 백인 배우 미키 루니는 길게 찢어진 눈과 뻐드렁니 분장을 했다. 어릴 적 아무 생각 없이 오드리 헵번이 예뻐서 좋아했던 영화가 내게 불편해진 이유다.

나 역시 미국에서 슬릿 아이를 몇 번 당했다. 한번은 내게 슬릿 아이 제스처를 하는 금발의 아이를 보고 나도 웃으면서 내 눈을 양옆으로 찢는 시늉을 했더니 돌연 아이가 울면서 엄마를 부르는 게 아닌가. 아이의 엄마는 나를 노려보았다. 나는 물론 계속 웃어주었다.

몽고점은 몽골성 천치와 달리 사회적 낙인이 될 병명이 아니며 몽골인이나 아시아인을 향한 혐오가 담겨 있지도 않다. 하지만 몽고점이라는 이름은 아시아인은 모두 몽골계라는 고정관념을 강화한다. 아시아인이 아닌 아기에게 점이 보이면 '몽골인이 아닌데 왜 점이 있지?' 하는 의구심을 품게 한다. 용어 뒤에 얽힌 인종분류학의 역사를 극복하자는 취지로 한국에서도 더 이상 몽고점이라는 용어는 쓰지 않으면 좋겠다. 대신 신생아 점이나 갓난아기 점이라고 하면 어떨까? 아니면 삼신 점은?

넘어지기의 기원

비가 많이 오던 어느 날이었다. 나는 한 손에는 회의 자료를 들고 다른 한 손으로는 우산을 받친 채 빠른 종종걸음과 느린 달리기를 번갈아 하면서 캠퍼스를 가로질렀다. 그러다 인도를 꽉 채우고 일렬횡대로 걷고 있는 학생들을 앞지르기 위해 방향을 급히 틀다가 그만 넘어지고 말았다. 학생들은 내게 괜찮냐고 물으며 젖은 땅에 떨어져 흩어진 서류들을 모아 가져다주었다. 나는 창피한 마음에 일단 괜찮다고 손을 휘젓고는 아무렇지 않은 척 다시 열심히 걸었다.

그러고 보면 2, 3년에 한 번씩은 걷다가 넘어지는 것 같다. 언젠가는 두 팔 가득 책을 안고 지하철역 계단을 뛰어 내려가다가 바닥에 곤두박질쳤다. 턱을 계단에 그대로 부딪혔다. 그때도 아픈 것보다는 놀란 주변 사람들이 걱정하며 여기저기 흩어진 책을 가져다 주는 상황이 창피할 뿐이었다. 나중에 보니 앞니에 살짝 금이 갔는데 그냥 두기로 했다. 치과의사는 내버려 두면 이가 그대로 부서져서 빠질 수도 있다고 겁을 주었다.

누구나 이따금 걷다가 넘어진다. 우리는 누군가가 넘어지면 일면식이 없는 사람일지라도 주위를 살펴 떨어뜨린 물건을 주워다 주면서 안부를 묻는다.

생각해 보면 넘어지기는 특별한 사건이다. 사람이 아닌 동물은 넘어지지 않는다. 비틀거리며 쓰러지는 동물은 있겠지만, 이는 죽음의 문턱에 다다른 경우일 것이다. 잘 걷다가 순간 삐끗하여 넘어지는 사슴이나 열심히 뛰어가다 발이 엉켜 넘어지는 영양은 상상할 수 없다. 넘어지는 순간 이들을 노리던 포식자에게 목숨을 내놓아야 할지도 모른다.

그러나 사람은 특별히 아프거나 약하지 않아도, 몸이 건강한데도 걸어가다가 곧잘 넘어진다. 두 발로 걷기 때문이다. 사실 두 발로 걷는다는 표현 자체도 아이러니다. 우리는 걸을 때 두 발이 모두 땅을 짚지 않는다. 한 걸음을 떼면 다른 발로 땅을 디뎌 몸을 지탱한다. 한 발이 땅을 디디는 동안 다른 발은 공중에서 공간 이동을 한 다음 다시 땅을 디딘다. 그러니 우리는 두 발로 걷는 내내 한 발로만 몸을 지탱한다. 발을 바꿀 때마다 무게중심이 계속 이동하기 때문에 균형을 잃고 넘어질 수 있는 것이다.

　점잖은 문명사회에서 살고 있는 우리는 넘어지면 주위의 배려를 받기도 하고 한순간의 창피를 견디기만 하면 되지만, 적군에게 뒤를 쫓기는 전쟁터나 맹수가 득시글한 자연환경에서 넘어진다는 것은 곧 목숨을 내놓는다는 뜻이다.

　이렇게 부실한 움직임에 인생을 맡겨야 한다니. 인간의 두 발 걷기는 치열한 자연의 삶에 도무지 도움이 되지 않는다. 거기다 그다지 빠르지도 않다. 빠르지도 않고 넘어질 위험도 감수해야 하는데 심지어 두 발 걷기 외에 스스로 이동할 뾰족한 방법이 없다. 사실상 두 발 걷기가 인간의 이동을 독점하고 있는 셈이다.

　두 발로 걷는 동물은 인간 외에도 많다. 조류는 발이 두 개뿐이므로 두 발로 걸을 수밖에 없다. 하지만 날개가 있어서 하늘을 날 수 있다. 날 수 없는 새도 두 발 걷기 외에 비빌 언덕이 있다. 능숙하게 헤엄치거나, 어마어마한 속도로 뛸 수 있다. 영장류는 두 발로 걷고 네발로 뛴다. 유인원은 두 발로 걸을 때 사람처럼 두 손에 무언가를 들고 운반하기도 한다. 긴팔원숭이는 팔이 길어서 네발로 걸을 수는 없지만 두 팔을 이용해 나뭇가지에서 다른 나뭇가지로 놀라운 속도로 이동한다.

　인간에게는 두 발 걷기 외에 이동할 다른 방법이 없다. 하늘을 날지도 못하고, 나무를 타기에도 엄지발가락이 아무런 쓸모가 없다.

헤엄을 치려면 따로 배우고 연습해야 한다. 걸음걸이가 빠르지도 않다. 맹수가 뒤쫓아 온다면 포기하는 편이 낫다. 아니, 고민할 틈도 없이 순식간에 잡아먹힐 것이다.

자연에서라면 채 하루를 버티지 못할 것 같은 인류 계통은 이런 부실한 두 발 걷기로 수백만 년을 멸종하지 않고 살아왔다. 지금은 지구에서 가장 번성한 종으로 생태계를 모두 파괴할 정도로 두려운 존재가 되었다. 그런 인류에게 두 발 걷기는 최초의 '인간다운' 움직임이었다. 최초의 인류 조상은 작은 몸집과 작은 머리통을 가진 유인원과 그다지 다르지 않았다. 단 하나의 차이라고 한다면 두 발 걷기인데, 그 증거가 뼈에 남아 있다. 최초의 인류라는 타이틀을 수십 년 동안 거머쥐었던 루시가 침팬지의 외양을 가졌음에도 침팬지의 조상이 아니라 인류의 조상으로 결론이 난 이유가 바로 두 발 걷기의 흔적에 있다. 최초의 인류 조상은 우리와 같이 편평한 무릎관절을 지니고 있었다.

빠르지도 않고 자칫 넘어지기까지 하는 두 발 걷기를 인류는 가장 효율성 있는 움직임으로 개발해 냈다. 인간의 두 발 걷기는 다른 동물의 두 발 걷기에 비해 에너지 효율이 상당히 높다. 시계추 원리를 이용하여 힘을 거의 들이지 않고도 상당한 거리를 두 발로 걸을 수 있다. 먹을거리가 흔하지 않은 척박한 환경에서 힘을 들이지 않고도 공간 이동을 할 수 있다는 것은 대단한 이점이다.

효율적인 두 발 걷기를 통해 인류는 먹잇감이 지쳐 쓰러질 때까지 뒤를 끈질기게 쫓아 죽이고야 마는 사냥법을 택했다.

인류는 두 발 걷기라는 위험하고 위태로운 움직임에 전부를 걸어 기어코 완벽하게 만들어냈다. 두 발 걷기의 효율성은 다리가 길면 더더욱 빛이 난다. 큰 힘을 더하지 않고서도 긴 다리 덕분에 커버할 수 있는 영역이 늘어난다. 짧은 다리로 100발짝 가는 거리와 긴 다리로 100발짝 가는 거리에는 상당한 차이가 있다.

에너지 효율성이 높은 두 발 걷기는 우리에게 실망스러운 결과도 안겨준다. 걷기에 별로 힘이 안 든다는 것은 거꾸로 이야기하면 아무리 걸어도 에너지가 크게 소모되지 않는다는 뜻이다. 칼로리 소비량이 형편없다. 숨이 차지 않을 정도의 가뿐한 속도로 산책하듯 걷기는 마음과 심장의 건강에는 좋지만, 살을 뺄 수는 없다.

인류는 이렇게 아끼고 아낀 에너지를 머리를 키우는 데 쏟아부었다. 그러니 살을 빼고 싶다면 무작정 걸을 것이 아니라 차라리 머리를 싸매고 고민하는 편이 나을 것이다. 추운 겨울날 걷겠다고 밖에 나가서 쓰는 에너지나 따뜻한 방 안에서 고민하는 데 쓰는 에너지나 비슷할 테니까.

두 발 걷기는 지난 5백만 년 동안 인류에게 도움이 되었을지 모르지만 당장에 넘어지면 나만 손해다. 이제 와서 두 발로 걷는 대신 손을 땅에 대고 두 손 두 발로 걷기를 시작할 수는 없으므로 그저 넘어지지 않도록 조심해야 한다. 넘어지지 않기 위해서는 코어 근육과 엉덩이, 허벅지 근육이 가장 중요하다. 나는 일상에서 틈틈이 코어 근육을 단련하는 연습을 한다. 그중 하나가 '웬만하면 두 발로 서 있지 않기'다. 우리는 드 발로 서 있을 때가 많다. 특히 줄을 서서 기다려야 할 때, 그럴 때 짝다리를 짚은 채 핸드폰을 들여다보는 대신 한 다리를 슬쩍 바닥에서 떼고 한 발로 서보자. 한 발로 서기는 코어를 단련하는 데 최고의 운동이다.

나는 처음에는 한 발을 땅에 닿을락 말락 할 정도로만 살짝 들었다. 남들의 눈을 의식해서였다. 그런데 아무도 내게 신경 쓰지 않는다는 사실을 어느 순간 깨달았다. 모두가 제 핸드폰만 들여다보고 있기 때문이다. 나는 이제 무릎을 들어 팔꿈치 쪽으로 가져가거나, 왼쪽 발목을 오른쪽 무릎에 얹는 등 별스러운 자세로 서 있고는 한다. 일상에서 할 수 있는 최고의 운동이다. 아무도 신경 쓰지 않으니 시도해 보자.

베이징인은 살아 있다

"베이징인 발견 95주년 기념 학회에 초대합니다." 2024년 12월에 열리는 학회의 초대장을 받았다. 베이징인은 중국 저우커우뎬 동굴에서 발견된 유명한 호모에렉투스 화석이다. 베이징인(베이징원인), 호모에렉투스. 인류의 진화에 큰 관심이 없어도 한 번쯤은 들어봤을 귀에 익숙한 용어들일 것이다. 2024년 12월에 95주년이라면 1929년 12월에 발생한 사건을 기념한다는 뜻이리라. 베이징인의 어금니 화석이 1921년에 발견되었고, 발견 사실이 학회에 발표된 것은 그 뒤 5년이 지난 1926년이다. 그 후 1927년에 새로운 화석종이 발표되었다. 1929년 12월은 베이징인의 첫 머리뼈 화석이 발견된 때다. 머리뼈의 발견은 물론 엄청나게 중요한 사건이고 기념할 만한 이벤트다. 고인류학에서는 다른 어떤 부위보다도 머리뼈가 가장 관심을 받기 때문이다. 그렇다고 더리뼈가 발견된 때마다 기념 학회를 열지는 않는다. 그것도 '95주년'이라는 애매한 숫자로 말이다. 베이징인의 첫 머리뼈에는 인류 화석 이상의 특별한 의미가 있다.

베이징인이 발견된 저우커우뎬 동굴유적은 중국의 수도 베이징에서 50킬로미터 남짓 떨어진 곳에 있다. 제국의 야심을 지닌 국가의 수도에서 오래된 인류 조상의 화석이 발견되었다는 사실은 홍보할 만한 충분한 가치가 있다. 필트다운인(영국 서식스주의 필트다운에서 발견된 화석 인류로, 처음에는 50만 년 전의 인류라는 감정을 받았으나 누군가 자료를 조작한 사실이 밝혀져 고생물학계 최대의 사기 사건으로 기록되었다. 누가 조작했는지는 여전히 논쟁이 있지만 처음 화석을 발견한 영국의 찰스 도슨Charles Dawson이 유력한 의심을 받는다)도 대영제국의 수도 런던 인근에서 발견되었기 때문에 특별한 관심을 받았다. 제국의 야심이 없는 국가라도 대체로 수도권에서는 고고학 자료가 많이 발견된다. 지금의 수도는 먼 과거에도 사람들이 많이 살던 지역이기 때문에 이런저런 흔적이 남아 있을 가능성이 높고, 개발도 많이 되는 땅이라 발굴 목적이 아니더라도 땅을 파헤치는 일이 빈번한 탓이다. 오래된 화석, 그러니까 국가가 존재하기도 전, 수도권으로 인구가 집중되기 훨씬 이전 시대에 살던 인류 조상의 흔적은 국가와 해당 수도의 위상을 높여준다. 북한에서 발견되었다고 알려진 고인류 화석의 상당수도 평양 근처에서 발굴되었다. 그러면 그 땅은 우리네 조상이 태곳적부터 점지한 신성한 땅이 된다.

20세기 초, 중국은 '용뼈'를 찾으려는 외국인들로 붐볐다. 중국 전역 곳곳의 약재상에서 팔리던 용뼈가 사실은 화석이며, 그중에는 유인원 화석도 있고 어쩌면 고인류 화석이 있을지도 모른다는 사실이 널리 퍼져 있었다. 화석을 얻기 위해 미국과 유럽에서 사람들이 모여들었다. 그중에는 진화를 연구하기 위한 자료를 수집하려는 학자들도 있었지만, 화석을 비싼 값에 되팔려는 투기꾼들이 더 많았을 것이다. 거기다 그들에게 귀중한 용뼈에 대한 정보를 제공하려는 현지인은 더더욱 많았으리라.

스웨덴의 안데르손Johan Gunnar Andersson, 오스트리아의 즈단스키Otto Zdansky, 미국의 그레인저Walter W. Granger는 1921년부터 후에 저우커우뎬으로 알려진 유적에서 화석을 찾고 있었다. 그렇게 발견한 어금니 화석을 캐나다의 고인류학자 블랙Davidson Black이 1927년에 새로운 화석종이라고 학계에 발표했다. 화석종의 이름은 시난트로푸스 페키넨시스Sinanthropus pekinensis였다. 시난트로푸스 페키넨시스라니, 이보다 더 중국적인 이름은 없을 것이다. 시나sina는 중국, 안트로푸스anthropus는 인류, 페킨pekin은 베이징Peking을 의미하니까. 어금니 화석 몇 조각만으로 새로운 고인류 화석종이 탄생한 셈이다. 이때 학자들은 아마 더 많은 발견을 예측했을 테고 나중의 발견을 위한 연구 조사비를 마련하기 위해, 또 중국 정부와의 관계를 원활하게 유지하기 위해 그 같은 작명이 두루두루 필요했을 것이다.

여기까지는 20세기 아프리카나 아시아에서도 흔히 볼 수 있는 이야기다. 현지인의 노동으로 발견한 화석을 구미歐美에서 온 학자가 학명을 붙여 학회에 발표하고 연구 조사를 계속한다. 많은 경우, 화석들은 구미 출신 학자의 나라로 옮겨져 그곳의 박물관에 소장되고 전시된다. 그런데 중국은 놀랍게도 예상 밖의 한 수를 두었다. 새로운 고인류 화석종이 발표된 1927년 바로 다음 해인 1928년에 화석 원본은 중국을 떠날 수 없다는 협약을 체결하도록 강제한 것이다. 처음부터 중국 정부의 입김이 작용했다. 이후 발굴 조사를 계속하기 위해 구미 학자들은 현장 책임자로 중국인 학자들을 대거 임용해 현장을 맡겼다. 이때 투입된 중국의 소장 고인류학자 페이원중裵文中이 발굴을 맡은 첫해인 1929년, 추워지는 날씨에 발굴 조사를 일단락하기로 하고 현장을 철수하려던 찰나 극적으로 머리뼈 화석 하나를 발견했다. 얼굴 부위만 없는, 온존한 머리뼈였다. 이것을 시작으로 수많은 화석과 고고학 유물, 동물 뼈가 속속들이 발견되었고 저우커우뎬은 대표적인 고인류 유적이 되었다. 이 글의 첫머리에 등장하는 '베이징인 발견 95주년 기념 학회'는 바로 이 역사적인 순간, 구미 학자가 아닌 중국인 학자에 의한 발견을 기념한다.

아프리카나 아시아의 많은 나라들과 달리 중국이 처음부터 고인류 화석 발굴과 연구에 관여하게 된 배경에는 중국 현대사가 있다. 베이징인이 발견된 1921년에는 중국공산당이 창당되었고, 화석 종이 세계 학회에 발표된 1927년에는 인민 해방군이 창설되었다. 중국공산당이 채택한 엥겔스의 공산주의는 다윈 진화론의 영향을 깊게 받았다. (한편으로 적자생존과 각자도생을 내세우는 신자유주의와 자본주의 역시 진화론을 근거로 든다는 사실은 아이러니다.) 엥겔스는 1876년 미완의 저서에 "노동이 인간을 창조했다"는 유명한 말을 남겼다. 인류의 조상은 여타 동물과 그다지 다르지 않지만, 노동을 통해 비로소 다른 동물과 차별화된 인간이라는 존재로 진화했다는 주장이다. 불을 사용하고 석기를 만들어 썼다는 점에서 베이징인은 최초의 노동을 한, 최초의 인간이었다. 그 최초의 인간이 중국에서 발견되었다는 사실은 중화사상과 합이 잘 맞았다.

새로운 당을 중심으로 하는 새로운 국가체제를 세우는 과정에서 인류 역사를 과학적으로 연구하는 고인류학은 자연히 중요한 지위를 얻게 되었다. 인류의 진화 역사에 대한 과학적인 근거로서 고인류학 연구, 그중에서도 수도 베이징의 고인류 화석 베이징인에 대한 연구를 지원하는 일은 중화사상에 있어 절대적으로 중요했다. 중국 당국이 전쟁 중 물자난을 겪으면서도 저우커우뎬 발굴 연구를 허가하고 지원한 것은 어쩌면 당연한 흐름이었다. 그 와중에 제국주의의 입김을 극복하고 구미 학자 대신 중국인 학자를 대거 양성한 사실 역시 놀랍지 않다.

1941년, 전쟁으로 일본군이 베이징까지 진입하게 되자 베이징인 화석이 보관된 연구소의 소장으로 있던 독일계 미국 학자 바이덴라이히Franz Weidenreich는 베이징인 화석을 미국으로 옮길 준비를 했다. 전쟁이 끝날 때까지 화석을 미국에 보관하려는 계획이었다. 그러나 화석들이 전부 분실되는 사건이 일어났다. 홀연히 사라진 화석은 아직도 풀리지 않은 미스터리다. 어차피 화석이 분실되지 않았더라도 중국의 화석은 중국 땅을 떠날 수 없다는 협약이 있는데 과연 베이징인의 머리뼈 화석이 미국으로 갈 수 있었을지는 의문이다.

전쟁이 끝나고 베이징인은 새롭게 탄생한다. 이전까지는 최초로 노동을 했던 최초의 인간이었으나, 중화인민공화국에서 베이징인은 인류의 시초라기보다는 중국인의 시초가 된다. 1950년 이전에는 베이징인이 중국인이라는 정체성과 연결되어 있지 않았으나, 1950년대에는 베이징인이 중국인의 조상이라는 생각이 자리를 잡게 되었다. 그러면서 베이징인은 현대 중국인뿐 아니라 중국에 있는 모든 집단의 조상이 되었다. 수십만 년 전 국경 없이 유라시아 전체에 퍼져 이곳저곳으로 이동하며 유전자와 문화를 교류하던 고인류 집단에게 국적이 있었을 리는 만무하지만 말이다.

2008년 8월 8일 저녁 여덟 시 8분, 중국 문화에서 풍요를 상징하는 행운의 숫자 8로 도배된 시각에 베이징 올림픽 개막식이 시작되었다. 올림픽 성화는 베이징인 박물관에서 마지막 날의 여정을 시작했다. 이듬해 2009년, 나는 베이징인 80주년 기념 학회에 참석하기 위해 베이징을 찾았다. 주최 측은 학회 일정 중 하나로 참석자들을 베이징인 박물관으로 안내했다. 박물관은 훌륭했으며 저우커우뎬 유적은 보는 사람의 상상력을 자극할 만큼 잘 갖춰져 있었다. 나는 불을 피우며 석기를 다듬고 있는 베이징인 모형 옆에서 사진을 찍었다. 수십만 년 전의 고인류와 빙하기 동북아시아와 중국의 현대사가 한데 엮이는 자리에 나도 한 발 내디딘 느낌이었다.

 나는 과학으로서의 고인류학을 배웠고, 고인류 화석 역시 과학적 자료로만 이해해 왔다. 그러나 화석은 발견되는 순간부터 고인류학사에 남겨지는 위치까지 100퍼센트 과학적 요인만 작용하지는 않는다. 새로운 화석이 발견될 때마다 언론의 주목을 받고, 과학적 분석은 화석이 지닌 정보를 계속해서 노출시킨다. 동시에 화석이 발견된 지역의 사회·정치·역사·문화적 요인부터 현대의 욕망까지 다양한 배경이 화석의 의미에 투영된다. 그 전반을 이해하는 것도 고인류학자의 임무라 하겠다.

선사시대의 사내들

하루는 비스듬히 누워서 책을 읽다가 한 대목에서 자세를 바로잡고 앉았다. 세계적으로 유명한 구석기시대 유적인 충청남도 공주 석장리 박물관에 진열된 주먹도끼를 보고 영감을 받아 쓴 글이었다. 작가는 당연하다는 듯 그 도끼의 주인을 떠올린다. 주먹도끼로 사냥을 했을 사내, 낮에는 맨손에 단출한 주먹도끼 하나만 든 채 집채만 한 짐승을 잡고 밤에는 아내와 사랑을 나눴을 사내를. 동시에 태곳적을 살았을 수많은 사내를 상상한다. 짐승과 싸우다 목숨을 잃었을 사내, 하루 종일 고생을 하고도 사냥에 실패해 빈손으로 가족에게 돌아갔을 사내, 궂은 날씨 탓에 한참이나 사냥을 떠나지 못했을 사내 들을.

옛날부터 지금까지 온통 사내들로 가득 찬 세상은 작가 혼자 머릿속에 그려낸 세상이 아니다. 고인류학자도 고고학자도 아닌 당대 최고의 작가가 주먹도끼를 보면서 사내들의 세상을 좀 상상할 수도 있지. 그게 뉘었던 몸을 벌떡 일으켜야 할 정도로 크게 그릇된 생각은 아니다. 아마 많은 사람이 전시된 주먹도끼를 보면서 비슷한 장면을 떠올릴지도 모른다. 아니, 보통은 주먹도끼를 보면서 아무런 상상도 안 하지 않나?

어쨌든 주먹도끼는 사냥 도구로 알려져 있다. 주먹도끼는 돌로 만들어진, 주먹처럼 생긴 선사시대 석기다. 도끼라는 용어는 우람한 몸으로 나무를 베거나 장작을 패거나 집채만 한 짐승을 맨손으로 상대하며 휘두르는 장면을 연상시킨다. 매우 '사내다운' 장면이다. 주먹도끼보다 작은 석기들은 잡은 짐승의 가죽을 벗기고 무두질하는 데 사용되거나 창의 촉으로 쓰였다고 알려졌다. 그러니까 선사시대 도구는 모두 사냥을 하는 데, 짐승을 잡는 데 쓰였다고 한다. 우리는 짐승 잡기를 인류 진화 역사에서 가장 중요한 사건이라고 생각해 왔다. 살아 있는 짐승을 잡는 데 필요한 지능과 체력, 도구의 발명은 모두 인류를 인류답게 만드는 결정적 혁신이었다. 또한 살아 도망치는 짐승을 잡기 위한 계획을 세울 지력을 탑재한 큰 두뇌에 필요한 영양소, 도망치는 짐승의 뒤를 몇 날 며칠 동안 뒤쫓아 기어코 잡아내고야 마는 체력을 가진 큰 몸을 유지하는 데 필요한 영양소를 확보하기 위해서는 수많은 짐승을 잡아 동물성 지방과 단백질을 구해야 했다. 따라서 사냥, 도구, 큰 머리(두뇌), 큰 몸은 하나의 패키지를 이루어 인류의 진화 역사에서 가장 중요한 원동력이 되었다. 그리고 이 모든 것은 오로지 사내들의 몫이었다. 여기서 굳이 '사내'라고 표현하는 것은 남자 중에서도 사냥감을 뒤쫓아 달릴 수 있는 비장애, 청년 남성만으로 범위를 제한하고 있기 때문이다.

박물관에 가면 옛사람들의 모습이 전시돼어 있다. 옛날보다도 훨씬 더 오래전, 수십만, 수백만 년 전에 살았던 인류 조상들은 일렬종대로 줄 맞추어 서 있다. 최초의 조상은 어정쩡하게 구부정한 모습에서 시작해 점점 꼿꼿하게 허리를 펴고 당당하게 걷는 모습으로 진화한다. 앞으로 나아가는 인류의 행진을 보여주는 이들은 점점 키가 커지고 피부색은 옅어지는 사내들이다.

박물관의 전시실 외에도 선사시대 사내들은 곳곳에 등장한다. 사내들은 바쁘다. 박물관 앞 벤치에 앉아 관람객에게 함께 앉자고 초대의 몸짓을 보낸다. 박물관 뒷산의 산책로를 따라 여기저기 놓인 모형을 통해 우리 조상은 사냥을 나가고, 잡아 온 짐승을 막대에 매서 돌아오고, 돌을 쳐서 석기를 만들고, 작살로 물고기를 잡는다. 여자들은 거의 보이지도 않지만, 있어도 한결같은 모습이다. 가슴을 드러낸 채 사내들의 옆에 앉아 있거나, 아이를 돌본다. 그들은 도구를 만들지도 쓰지도 않는다. 그저 맨몸 하나뿐이다.

사내들은 능동적으로 도구를 만들어 쓰고 돌아다니면서 생업에 힘쓰고, 여자들은 앉아 있기만 하는 그림이 한국의 박물관에만 있는 건 아니다. 몇 년 전까지도 미국을 비롯해 세계 곳곳의 주요 박물관에 비슷한 장면이 재현되어 있었다. 옛 조상들이 어떻게 생겼고 어떻게 살았을지 궁금해하는 우리에게 직접 보여줄 수 있는 자료는 지극히 파편적일 수밖에 없다. 수만, 수백만 년 전에 살았던 사람 대부분은 죽은 뒤 땅에 묻혀 산산이 분해돼 자연으로 돌아갔기 때문에 아무런 흔적을 찾을 수 없다. 그중 아주 드물게 사후 묻힌 곳의 광물 환경과 조건이 맞아떨어지면 유골이 화석으로 변한다. 화석은 말 그대로 뼈가 석화한, 돌이 된 결과다.

그렇게 아주 드물게 화석으로 변한 유골이 아주 드물게 후세 사람의 눈에 띈다. 그중 일부가 아주 드물게 화석을 알아보고 연구하는 전문가의 손에 들어간다. 다시 말해 화석으로 남은 우리의 옛 조상은 그들의 작은 파편 중 파편 중 파편이다. 누구의 성에도 안 차는 이 극소량의 파편이 말해주지 않는 나머지는 상상과 복원으로 메꿔진다. 검증된 자료에 따른다면 복원과 '추측'이라고 한다. 근거 자료 없이 순전히 머릿속으로 만들어낸 것이라면 상상이라고 해야 옳다.

대부분 산산이 분해되는 뼛조각에 비하면 돌로 만든 도구는 무수히 많이 볼 수 있다. 별도의 화석화 과정이 필요 없는, 그 자체로 이미 돌이므로. 우리는 선사시대의 여러 흔적 중 석기를 가장 중요하다고 생각하고, 심지어 석기로 시대를 구분한다. 구석기시대, 신석기시대처럼. 그러나 인류가 만들어낸 도구 대부분은 돌이 아닌 재료로 만들어졌을 것이다. 주위에서 그때그때 쉽게 구할 수 있는 나뭇가지, 풀, 잎, 동물의 가죽, 이빨, 뼈 등으로 말이다. 돌이 아닌 재료로 만든 도구는 시간의 흐름을 견뎌내지 못하고 사라지기 일쑤다.

이렇게 다양한 재료로 만들어진 도구는 산짐승을 잡는 사냥도구로만 쓰이지는 않았다. 잡은 짐승을 손질해서 가죽, 뿔, 뼈 등 일상에 활용할 수 있는 부위와 고기, 내장 등 먹을 수 있는 부위를 가르고 나누는 데도 쓰였다. 곤충 집을 들어내 곤충을 모으는 데도, 땅을 파헤쳐서 뿌리채소를 캐내는 데도, 잎과 과일을 모으는 데도 쓰였다. 큰 몸집의 사냥감뿐 아니라 수많은 종의 생물을 먹어치우는 최고의 잡식동물인 인류가 살아가는 데 도구의 이 모든 쓰임이 중요한 역할을 했을 것이다. 그리고 사니를 비롯한 남녀노소 모두가 먹을거리를 모으는 이 생계활동에 참여했을 것이다. 그랬기에 2백만 년이나 지속한 척박한 빙하기에도 살아남아 전 세계로 퍼져 나갈 수 있었을 것이다.

요즘은 사냥이 남성만 해온 일이라는 전제를 다시 검토하는 추세다. 사냥은 남성적인 행위라고 전제하고, 그 이유로 남자가 힘이 세고 근육이 많으며 공격성이 강하다는 다소 생물학적인 설명을 붙여왔다. 여성이 사냥하지 않는 이유로는 여자가 피를 무서워하고 아이 때문에 멀리 못 다닌다는 다소 문화적인 설명을 붙여왔다. 하지만 둘 다 근거가 희박하다. 실제로는 여자가 사냥에 적극적으로 참여하는 문화가 많으며 심지어 더 무섭게 사냥하는 경우도 있다. 선사시대부터 근현대시대까지도, 세계 곳곳에 존재해 온 다양한 사회에서 의외로 여자 사냥꾼이 적지 않았다는 내용의 연구가 계속 발표되고 있다.

사냥은 남자가 하고, 도구는 사냥을 위해 만들어지고 쓰였다는 전제는 검증되지 않은 가설이지만 널리 퍼지고 받아들여져서 문장가의 글에 등장해도 어색하거나 이상하지 않을 정도의 상식이 되었다. 검증된 적 없는 상상이 이토록 당연하게 받아들여진 이유는 이것이 자연스러운 장면이기 때문이다. 그리고 이것이 자연스러운 장면인 이유는 지금 우리가 사는 사회와 비슷한 풍경이기 때문이리라. 여학생에게는 가정과 가사를, 남학생에게는 기술과 산업을 의무 교과목으로 편성했던 20세기의 시선에 자연스러운 모습을 그대로 투영해 옛날에도 그것이 자연스러운 모습이었으리라고 생각하고, 옛날부터 자연스러웠으니 지금의 이 상황도 자연스럽다는 생각의 흐름은 달리 말해 순환 논리다.

무엇보다 태곳적 풍경이 자연히 오늘날까지 이어져 왔다는 논리는 현재를 향한 비판과 불만을 바람직하지 않은 것으로 치부하게 만든다. 가부장적이거나 유교적이거나 청고도적인 제도와 문화, 성 분업 개념과 인식을 향한 비판을 쉬이 묵살하도록 이끈다. 그래서 그저 문학적으로 읽고 넘어갈 만한 글이라도, 당대 최고의 문장가가 쓴 문장이라도 검증되지 않은 위험한 상식에는 문제를 제기할 필요가 있다. 학계의 연구 결과가 사회에서 어떤 내러티브로 회자되고 소비되는지까지 관여하는 것은 연구자의 소관이 아닐지도 모른다. 그러나 최소한 소비 방식에 주의를 기울일 의무는 있다고 생각한다. 나아가 시야와 행동반경을 넓혀 더 다양한 방식으로 토론과 논의를 이어갈 수 있다면 더없이 좋겠다.

본능이 부르는 소리

　고등학교 시절 생물 수업시간이었다. 생물 선생님은 문득 생일이 가을인 학생들은 손을 들어보라고 했다. 그러더니 이내 고개를 끄덕이며 보통 가을에 아기가 많이 태어난다고 했다. "왜겠어? 한겨울 긴 밤에 달리 할 일도 없으니 섹스를 많이 해서 그렇지." 우리는 민망해서 어쩔 줄 몰랐다. 성희롱에 가까운 언사를 수업시간에도 거리낌 없이 하던 시절이었다.

　과연 내 주변에도 가을에 태어난 사람이 꽤 있다. 대규모 강의에서 조사해 봐도 8-10월에 태어난 학생들이 많다. 통계적으로 확인된 사실인지는 모르겠다. 정말로 밤이 가장 긴 겨울에 아기가 많이 만들어질까? 섹스를 겨울에 유독 더 많이 하지는 않는다. 사람들의 평균 섹스 횟수는 1년 동안 큰 변동 없이 고르게 유지되는 편이다. 물론 섹스를 하기만 하면 열 달 후에 아기가 태어나는 것도 아니다.

아이를 낳아 키우는 일을 '자연스럽고 본능적인' 일, 즉각적이고 단순한 결정이라고 생각하는 사람들이 있는 것 같다. 어른이 되면 자연히 결혼을 하고 섹스를 하며, 섹스를 하면 당연히 아기를 낳아 기르지 않나? 어른이라는 단어에 '결혼한 사람', 즉 성교를 하는 사람이라는 의미가 내포되어 있고, 그건 한국어뿐 아니라 영어의 adult도 마찬가지니 이는 본능적이고 자연스러운 일임이 틀림없다. 그런데 현대사회에 들어서면서(정확히 말하자면 여자들이 집 밖으로 나와 교육을 받고 직업을 갖게 되면서) 그 자연스러운 일을 쓸데없이 복잡하게 만들었다는 논리다. 하지만 '자연'과 '본능'은 우리 생각보다 전략적이고 복잡한 결정 과정을 거친다.

전략적이고 복잡한 본능의 총천연색 다양성을 지우고 흑백으로 표현하는 경우를 종종 본다. 몇 년 전 한 정치인이 라디오 방송에 출연해서 "유전자를 보면 남자, 수컷은 많은 곳에 씨를 심으려 하는 본능이 있다"면서 "이는 진화론으로 입증된 것"이라고 주장했다. 비판의 목소리가 일자 그는 '진화론으로 입증된 본능'에 대해 말하려 한 것이 아니라 '본능을 제어하는 문화와 제도의 중요성'이 발언의 초점이라고 둘러댔다. 문화와 제도는 물론 중요하다. 이런 발언이 문제인 이유는 본능에는 세상 많은 곳에 씨를 심으려 하는 본능 외에도 여러 본능이 있는데, 그중 하나만 콕 집어서 유일하게 중요한 본능인 것처럼 오해하게 만들기 때문이다.

특정 유전자의 비율이 세대를 거치면서 늘어나거나 줄어들면 그것을 진화라고 정의한다. 유전자의 비율이 늘어나려면 어떤 유전자를 가진 개체가 그 유전자를 가지지 않은 개체보다 더 많은 후손을 남겨야 한다. 간단히 말해 '유전자를 많이 남기는 것이 진화론의 입장에서 유익하다'는 명제는 맞다. 그러나 딱 여기까지다.

유전자를 많이 남기면서 진화하는 개체는 수컷뿐만이 아니다. 진화는 암수 모두에게 해당한다. 이 세상의 생물체는 동식물을 막론하고 암수 모두 유전자를 많이 남기기 위해서 다양한 행위를 펼친다.

암컷은 가능한 한 양질의 정자를 선호한다. 그래서 양질의 수컷을 나타내는 신호를 읽는다. 하지만 양질의 정자를 확보했다고 곧바로 임신과 출산을 하는 것은 아니다. 환경에 대한 정보를 계속해서 모은다. 성공적으로 새끼를 낳아 키울 수 있는 환경을 고르는 것이다. 출산과 양육에 좋은 환경이 아니라면 판을 접고 다음 기회를 기다린다. 판을 접을 방법은 많다. 수정 혹은 착상이 이루어지지 않거나, 임신이 지속되지 않으면 된다. 아기를 잘 양육할 수 있는 환경이라는 신호가 없다면 임신, 출산, 육아의 시기를 미루는 편이 낫다. 모성이라는 본능으로 한없는 자기희생을 하면서 자연적으로 발생하는 임신, 출산, 육아에 어쩔 수 없이 힘을 쏟는다는 신화는 신화일 뿐이다. 더구나 인간처럼 한 명의 아기를 낳아 키우는 데에 큰 노력을 투입해야 하는 종이라면 더욱 그렇다. 그러니까 저출생 경향은 여자들이 섹스를 하지 않아서가 아니라 우리 사회가 아이를 낳아 키우기에 좋은 환경이 아니라서 발생한 결과에 가깝다. 그러므로 결혼과 짝짓기를 장려한다고 저출생 문제가 해결되지는 않는다.

흔히 볼 수 있는 수컷 간의 경쟁은 암컷에게 가장 편리한 방식이다. 수컷끼리 서로 치열한 경쟁을 통해 미리 순위를 매겨두니 암컷은 가임기가 되면 큰 고민하지 않고 우위를 점한 수컷을 선택하면 되기 때문이다. 높은 순위의 수컷은 많은 씨를 뿌리게 되지만, 대다수 수컷은 암컷 가까이도 가지 못할 수 있다. 고릴라가 좋은 예다.

수컷끼리의 연대가 중요한 종의 경우에는 눈에 드러나는 경쟁을 하지 않는다. 침팬지가 좋은 예다. 이 경우, 암컷은 굳이 한 수컷을 선택하지 않고 가능한 한 많은 수컷과 교미를 한다. 높은 순위의 수컷을 선택하는 대신 질 속에서 정자끼리 경쟁을 하도록 두는 전략이다.

극단적인 전략을 구사하는 수컷도 있다. 교미하는 동안 암컷이 다른 생각을 하지 못하게끔 선물을 가져가기도 하고, 교미한 후에 다른 수컷의 정자가 들어오지 않게끔 먹을 것을 제공하기도 하는데 그 선물이나 먹을 것이 자신의 몸이 될 수도 있다. 인간의 시각으로는 극단적인 결정이지만, 자신은 죽되 유전자는 남기는 적응 양식이다.

섹스를 많이 한다고 새끼를 많이 낳는 것도 아니고, 많은 수의 파트너와 섹스한다고 많이 낳는 것도 아니다. 또한 새끼를 많이 낳는다고 유전자가 많이 남는 것도 아니다. 세상에는 쥐나 물고기나 거북이처럼 많은 수의 새끼를 낳아 그중 한두 마리만 살아남게 하는 종도 있고, 사자처럼 한두 마리의 새끼만 낳아서 성체가 될 때까지 키우는 경우도 있다.

'가능한 한 많은 곳에 씨를 뿌리는 일'이 본능이라면 '가능한 한 많은 수컷과 섹스하기'도 본능이고, '섹스 후에 암컷에게 자진해서 잡아먹히기'도 본능이고, '경쟁 순위에서 밀려 평생 섹스는 구경도 못 하기'도 본능이고, '교미 직후 수컷을 죽여서 먹기'도 본능이다. 수천 마리의 새끼를 낳는 것도, 한 마리만 낳는 것도 본능이다. 본능은 천의 얼굴, 만의 얼굴을 가지고 있다.

성희롱부터 강간까지 일련의 행위가 본능에서 행해졌다는 주장은 단순히 과학 지식의 왜곡된 전달에 그치지 않는다. 본능이라는 프레임은 성폭력 행위의 중심에 있는 권력과 폭력에서 관심을 멀어지게 한다. 우리 사회의 남성은 틈만 나면 정액을 뿌리고 싶은 본능에 따라 움직이는 수컷으로 인식되고, 제도는 그런 자연적인 본능을 억제하는 수단으로 여겨지고, 여성은 수컷의 강한 본능을 억누르면서 보호해 주어야 하는 암컷으로 고착화된다. 남성은 씨 뿌리는 수컷이 아니고, 여성은 수컷이 뿌려대는 씨에서 보호받아야 할 순결한 처녀가 아니다. 왜곡된 본능에 인간을 끼워 맞추는 일은 과학 지식의 잘못된 전달보다 훨씬 더 위험하다.

본능의 다양한 양상 중 하나만 부각하고 나머지는 무시하는 행위는 과학적 진단이라기보다 지금 내가 보고 싶은 그림만을 보겠다는 주관적인 욕망에서 비롯한 것이다. 현대사회에서 가정하는 여자와 남자의 성 역할을 과거의 인류에게 그대로 씌워서는 안 되는 것처럼 인간이 아닌 다른 동물에게 씌워서도 안 된다. 다양하고 화려한 '진짜' 자연은 '여자답지 못한' 암컷과 '남자답지 못한' 수컷으로 가득 차 있다. 인간도 마찬가지다.

졸업식에서

　5월은 바야흐로 (미국) 졸업식의 계절이다. 나는 고등학교 졸업식 이후 내 졸업식에는 참석한 적이 없다. 대학교 졸업식을 거부했기 때문에 학사모를 써보지 못했다. 당시 군사독재 정부에 대항하는 학생운동을 하다가 붙잡히거나 군대에 입대하거나 휴학하거나 학교를 그만두거나 다양한 이유로 입학은 함께했지만 졸업은 함께할 수 없었던 교우들에게 응원과 지지를 보내는 마음으로 졸업식을 거부했다. 독재에 맞서 싸우는 친구들을 외면하고 학점을 따서 제때 졸업한 내게는 항상 부채 의식이 있었다. 부채 의식을 가진 사람이 나뿐만은 아니었으리라. 우리는 졸업식을 거부하며 졸업식장에 가지 않음으로써 미안한 마음을 조금이라도 덜고 싶었다. 졸업식 날에는 비가 많이 내렸다. 친가와 외가를 통틀어 같은 항렬에서 제일 맏이인 나의 대학 졸업식은 집안의 큰 행사였고 부모님과 친척 어른들은 졸업식장으로 향했지만, 나는 그곳에 없었다. 졸업식이 끝나고 중국 음식점에서 짜장면과 탕수육을 먹는 자리에 합석한 기억은 있다.

미국에서 유학하며 대학원 석사, 박사 과정을 마칠 때마다 졸업식이 열렸지만 참석하지 않았다. 석사 졸업식은 별일이 아닌 것 같아서 참석하지 않았다. 갖은 고생 끝에 마친 박사 과정의 마지막을 장식하는 졸업식에도 타의로 참석하지 못했다. 그때 이미 일본에서 박사후연구원 생활을 시작했기 때문이다. 박사 졸업식에는 참석하고 부모님도 오시라고 했더라면 좋았을 것이라고 나중에 후회했지만 이미 지나간 일이었다.

그렇게 여러 이유로 내 졸업식에는 참석하지 않았던 내가 아이러니하게도 교수가 된 후에는 수많은 졸업식에 참석하고 있다. 거기다 내가 재직하는 학교는 졸업생 수가 계속해서 많아지면서 같은 해 졸업식을 몇 번에 나누어서 하게 되었다. 2024년에는 5천여 명의 졸업생들을 위해 열 번 이상의 졸업식을 진행했다. 나는 지난 10년 동안 학과장으로서, 학장으로서, 교수의회 의장으로서 졸업식에 참석해야 할 의무가 있었다. 졸업식에서 내가 맡은 임무는 단상 위에 마련된 내빈석에 앉아 있기다. 단상에 앉아 있으니 핸드폰을 보거나 옆 사람과 이야기를 하는 등 딴짓을 할 수는 없다. 혹여라도 눈을 감고 있다 졸기라도 하면 스크린에 잡힐 수도 있고, 유튜브로 현장 중계가 시작된 후로는 자칫하면 인터넷에 영원히 남게 된다. 나는 그것이 신경 쓰여 머리로는 다른 생각을 하더라도, 아니, 아무 생각 없이 멍하니 있더라도 나름대로는 항상 옅은 미소를 띤 채 자랑스러운 표정으로 자리를 지켰다.

처음에는 정말 지루했다. 대체로 두 시간 정도 소요되므로 열 번의 졸업식을 참석하면 스무 시간을 앉아 있어야 하는 셈이다. 한동안은 시간이 아깝기도 했는데 몇 번 경험하고 나니 나름의 재미를 찾게 되었다.

졸업식은 행렬의 입장으로 시작한다. 행렬의 서두에는 대학교 총장을 비롯한 총장단이 선다. 총장단 맨 앞을 보면 메이스mace(의례용 철퇴)를 들고 앞장서는 사람이 있다. 행렬의 선두에서 메이스를 들고 행렬을 이끄는 장면은 졸업식뿐 아니라 퍼레이드가 있는 의례에서는 흔히 볼 수 있다. 지식의 전당이라 할 수 있는 대학의 가장 중요한 의례인 졸업식에 왜 하필 끔찍한 살상 무기인 철퇴가 등장하는 걸까?

메이스, 즉 철퇴는 유럽의 경우 후기 구석기시대부터 발견되는 무기다. 긴 막대 끝에 묵직한 무게추가 달린 모양으로, 사방으로 휘둘러 상대를 제압할 수 있어 주로 짐승을 잡거나 적을 무찌르는 데 쓴다. 물론 구석기시대에는 돌을 매달았고 철기가 등장한 이후부터 철로 만든 무게추를 달았다. 긴 장대 덕에 적과 거리를 둘 수 있어서 손에 무기를 들고 상대방에게 돌진해 직접 육탄전을 벌이는 것보다 유리하다. 창을 쓸 수 있었던 호모사피엔스와의 싸움에서 긴 창이 없어 불리했던 탓에 네안데르탈인이 결국 절멸했다는 가설도 있다. 메이스는 그 후 중세시대까지 꾸준한 인기를 누렸다. 한국사에도 철퇴가 등장한다. 고려의 정몽주가 이 철퇴에 맞아 살해당했다. 사극이나 역사 영화의 전쟁 장면을 보다 보면 장수들이 휘두르는 철퇴가 칼이나 화살보다 훨씬 더 끔찍한 파괴력을 지닌 살상 무기라는 걸 실감하게 된다.

이처럼 철퇴의 기원은 무기지만 현대사회에 들어서는 법치주의와 정의, 권위의 상징이 되었다. 옳지 못한 일을 해서 처벌을 받거나 잘못된 무언가를 법적으로 바로잡을 때, '철퇴를 맞다' 혹은 '철퇴를 가한다'고 하지 않나. 실제 몇몇 국가에서는 국회 개원식에 의례용 철퇴를 법과 질서의 상징으로 사용한다. 이런 흐름을 따라 대학교 졸업식에서는 철퇴가 대학의 권위를 의미하게 되었다. 메이스 바로 뒤로 총장을 비롯한 교수들이 줄을 잇고 그 뒤를 졸업생들이 따른다.

졸업식에 참석하는 사람들은 모두 가운을 입고 사각모를 쓴다. 철퇴는 후기 구석기시대부터 사용되어 온 무기지만, 사각모와 가운은 중세 유럽의 수도승 옷차림에서 유래한 것이다. 중세 수도

원의 차고 습한 냉기로부터 몸을 보호하고 머리에 스미는 한기를 막기 위한 모자에서 기원한 가운과 사각모는 6월에 섭씨 약 38도를 기록하는 캘리포니아의 리버사이드에서는 고역스러운 옷차림이다. 한여름 뙤약볕에서 입는 졸업식 가운은 숨이 막힐 정도다. (다행히 이제는 훌륭한 냉방 시설을 갖춘 실내 스타디움에서 졸업식을 치르고 있다.) 한 해 수많은 민원이 학교에 들어오지만 우스꽝스럽고 실용적이지도 않은 졸업식 가운과 사각모를 없애자는 민원은 거의 찾아볼 수 없다.

대학교의 기원이 중세 유럽의 수도원이었기 때문이라는 설명은 어딘지 부족하다. 현대의 대학은 중세 수도원과는 완전히 다르다. 대학에서 가르치는 과목, 대학에 들어가는 이유, 대학을 졸업하면 하는 일 모두 수도원에서 수련하는 수도승의 삶과는 비슷한 점이 거의 없다. 사각모와 가운. 우스꽝스럽지만 아무도 없애자고 하지 않고 비웃지도 않으며 졸업식에 참석하는 사람들은 하나도 빠짐없이 입고 있다. 입학식 때 이후 두 번째로 부르는 교가를 외우는 학생은 없지만 모두 화면에 나오는 가사를 열심히 보면서 따라 부른다.

의례를 부정하고 허례허식은 없애는 실용주의를 자랑스럽게 여기는 미국에서조차 어떤 문화는 지극히 비실용적인 상태로 유지된다. 이는 해당 의례가 지닌 퍼포먼스, 공연의 성격 때문이다. 이

퍼포먼스는 어떤 행사라도 비슷한 순서로 진행된다. 주인공이 공연장에 입장하고 관중은 그들의 퍼포먼스를 보면서 즐긴다. 공연장에 입장하는 주인공들은 그곳이 현실과 다른 장소임을 공포한다. 의례에 참가하는 사람들은 참가하지 않는 사람들과 같은 시간, 같은 공간에 있지만 다른 시간, 다른 공간에 있다. 몇몇 주요 의례는 중요한 변화를 상징한다. 결혼식, 장례식, 졸업식의 주인공들은 모두 의례가 끝나면 새로운 역할을 맡는다.

졸업식이 끝나면 졸업생들은 사회로 진출하게 된다. 별도의 성인식이 따로 없는 현대사회에서 졸업식은 유일하게 성인식에 가까운 의례다. 졸업생들은 이제 학생 신분이라는 이유로 면제받았던 많은 일에 책임을 져야 한다. 졸업식의 마지막 순서는 사각모의 술을 오른쪽으로 넘기는 의식이다. 그 순간 학생들은 졸업생이 되고, 홀로 생계를 꾸려야 하는 온전한 성인, 한 사람 몫을 해야 하는 사회인으로 탈바꿈한다. 어쩌면 졸업식은 세상의 풍파 속으로 발을 내딛기 전, 대학에 남은 수도원의 DNA를 따라 마지막으로 옳음과 정의를 생각해 볼 기회를 주려는 의식일지도 모르겠다.

익숙한 세상을 떠나 새로운 세상으로 나아가는 졸업생과 그들을 떠나보내는 우리 모두 우스꽝스러운 옷과 모자 차림으로 어색한 의례를 거치면서 두려움과 걱정을 조금이나마 덜어내려는 게 아닐까.

혹시 문과세요?

몇 년 전 엑스(당시는 트위터였다)에서 시끄러운 일에 연루된 적이 있다. 당시 인류학계에 흥미로운 논문이 발표되어 그에 대한 짧은 글을 올렸다가 논쟁을 주고받게 되었다. 그러다 상대가 남긴 "혹시 문과세요?"라는 조롱 섞인 댓글이 도화선이 되어 해당 게시물이 순식간에 화제가 되었다. 수많은 사람의 비난 섞인 인용을 견디지 못한 상대는 한순간 댓글과 계정을 삭제하고 사라져 버렸다. 지금도 '혹시 문과세요?'를 포털사이트에 검색하면 당시의 생생한 기록을 볼 수 있다.

앞서도 이야기했듯 나는 뼛속까지 문과다. 대학 진학을 목표로 하는 인문계 고등학교의 문과반이었고, 고등학교 3년 내내 열여섯 과목의 대입학력고사를 치르기 위한 공부에만 매달렸다. 열여섯 과목 중 열한 과목이 문과, 즉 인문학 분야였다. 크게 문학, 역사, 철학으로 분류되는, 그래서 흔히들 문·사·철이라 부르는 과목이었다. 나머지 다섯 과목만이 다른 계열이었는데 이과 과목으로 수학과 화학, 생물을, 사회과학 과목으로 정치경제와 사회문화를 배웠다. 그러니 고등학교 시절 대부분을 인문학을 공부하며(그것도 입시만을 위한) 보낸 셈이다.

대학교에서는 고고미술'사학'과를 전공했다. 역사학 계열로, 다른 문·사·철 학과와 함께 인문대학에 속해 있었다. 학부 수업을 듣다 당시 미국에서 부상하기 시작한 신고고학에 흥미를 느껴 인류학에 관심을 두기 시작했다. 미국에서는 고고학을 인류학의 한 분과로 본다. 그러나 내가 다닌 대학교에서는 고고학과를 인문대학으로, 인류학과를 사회과학대학으로 분류했다. 인류학에 관심이 생겨 사회과학대학에 드나들면서 인문대학과는 사뭇 다른 분위기를 느꼈다. 그러나 어쨌든 두 대학 모두 문과 계열이었다.

미국의 대학원으로 유학을 떠나오면서 고인류학을 공부하기로 결심했지만 고인류학자가 되려면 어떤 공부를 해야 하는지, 아니, 박사 과정이 무엇인지도 제대로 알아보지 않은 채로 덥석 유학길에 올랐으니 지금 생각하면 정말이지 무도했다고밖에 할 수 없다. 당시에는 그저 공부하는 일이라면 자신이 있었기에 크게 걱정하지 않았던 것 같다.

하지만 미시간대학교에서의 대학원 생활은 험난했다. 미국 대학원 인류학과의 분과로는 문화인류학, 고고학, 언어인류학, 생물인류학(형질인류학)이 있다. 나는 우선 전공필수로 네 과목의 강의를 모두 들었고, 세부 전공인 생물인류학의 필수 과목도 전부 수강했다. 이 과목들만 해도 학부생 시절 공부했던 인문학, 사회과학과 큰 차이가 있었다. 더 큰 문제는 내가 공부하려고 마음먹은 고인류학은 그보다도 더 멀리 떨어진 자연과학에 가깝다는 사실이었다.

나는 영어 실력이 좋은 편이었음에도 대학원 수업을 따라가는 데는 한계를 느꼈다. 일단 읽어야 하는 내용이 어마어마하게 많았다. 매주 책 한 권은 기본이었고 논문 몇 편까지 당연하다는 듯 더해졌다. 대학원 수업은 대개 발표나 토론이 주가 되는 세미나 형식으로 진행되었고, 동료 대학원생들은 자신이 아는 바를 반드시 모두에게 말하고야 말겠다는 사명을 가지고 수업에 참여하는 듯했다. 나는 다른 사람이 말하는 와중에 적당한 틈을 타 끼어드는 일을 아직도 어려워한다. 지금은 말을 하기보다 듣기가 더 중요한 나이가 되어 얼마나 다행인지 모른다. 그나마 세미나로 진행되는 강의는 대체로 문과에 속하는 분과들이었고, 무수한 자료를 읽고 분석하는 연구 방식 자체는 낯설지 않아 쉬이 적응할 수 있었다.

문제는 생물인류학이었다. 생물인류학은 과학이다. 나는 화석 자료를 기반으로 인류의 진화를 연구하는 전공을 택했다. 화석은 돌이 된 뼈다. 뼈는 근육의 움직임, 체중 등의 자극과 압력에 반응하는 살아 있는 조직이다. 따라서 뼈를 이해하려면 뼈에 가해지는 자극과 압력의 원리를 이해하도록 생리학과 물리학 등 다양한 자연과학을 익혀야 했다. 그때까지 물리학은 배운 적이 없었고, 고등학생 시절 대입 시험을 위해 암기식으로 공부했던 생물과 화학 과목의 단편적인 지식은 도움이 되지 않았다. 여름방학 동안 물리학 강의를 들었다. 듣다 보니 물리학은 수학이었다. 수학 중에서도 내가 고등학생 시절 열심히 공부했던 수학1은 소용이 없었고 미적분이 포함된 수학2가 필요했다. 갈수록 태산이었다.

더구나 고인류학의 방법론에서 통계학은 필수다. 이때는 다행히도 한국에서 학부생 시절에 들었던 통계학 수업이 도움이 되었다. 당시의 통계학 수업은 컴퓨터 없이 계산기만을 사용해서 대부분 손으로 계산식을 푸는 방식이었는데 덕분에 통계학의 기본 원리와 개념을 체득할 수 있었다. 그다음으로는 고인류 화석이라는 독특한 자료를 분석하기 위해 컴퓨터 언어로 프로그램을 짜야 했다. 컴퓨터 언어를 배웠다.

고인류학의 연구 자료인 화석은 뼈와 이빨에서 만들어진다. 뼈와 이빨은 생물이 살아 있을 때 연조직과 함께 몸을 이루는 신체의 일부다. 연조직과 경조직으로 구성된 인간의 몸을 이해하기 위해 의과대학에서 인체해부학 강의를 들었다. 장담하건대 이때가 대학원 생활 중 가장 힘들었다.

　사실 해부학은 정말 듣고 싶지 않았다. 내 눈에 화석이 된 뼈와 이빨은 적어도 깨끗한 자료였다. 그런데 살이 붙어 있는 사체? 생각만 해도 끔찍했다. 그러나 고인류학자가 되기 위해서는 공부해야 했다. 이를 악물고 달려들었다. 해부학은 12학점짜리 강의로, 힘든 본 강의와 더 힘든 해부 실습으로 악명이 높았다. 인류학과 학생으로 인체해부학을 수강했다 과락을 받은 선배도 있었다. B 학점을 받아서 겨우 패스는 했지만, 학점 평점에 악영향을 받은 경우도 있었다. 대학원 수업에서 과락은 치명적이다. 해부학 강의에 들어갔다 하면 한 학기 내내 폼알데하이드 냄새를 달고 다니는 것은 물론이고, 다른 과목 강의를 들을 시간도 낼 수 없었다. 그럼에도 해부학이 얼마나 중요한지 알았기 때문에 결국 수강했다. 학기 초에는 냄새가 뒤섞이지 않도록 해부학 강의용 필기도구와 책을 넣는 가방을 따로 썼지만, 시간이 흐르자 모두 뒤섞이고 말았다. 실습에서 내가 해부한 사체는 한쪽 다리가 잘린 남자 노인이었다. 피부에는 문신이 새겨져 있었다. 나는 그가 어떤 사람이었을지 궁금해하지 않았다. 그의 몸을 샅샅이 익히면서 해부학 교과서에 나오는 그림과 대조해 가며 수많은 해부학 용어를 외우기에만 급급했다. 실습을 마친 후에도 사체가 어떻게 처리되는지 궁금해하지 않았다. 그때는 식사시간에도 공부를 했는데, 밥을 먹으면서 책갈피에 묻어 있던 작은 살점을 보고도 아무렇지 않게 책장을 넘겼던 기억이 난다. 그렇게 한 학기를 보내고 나는 해부학 강의에서 A-를 받는 쾌거(?)를 이루어 냈다. 깐깐하기로 유명한 해부학과 교수가 내게 필요하다면 추천서를 써주겠다고 했다.

고인류학은 인간의 조상을 연구하는 학문이기 때문에 인체해부학에서 다루는 현대인의 몸만 알아서는 안 된다. 인간이 되기 전, 침팬지와 공동 조상으로부터 갈라진 지 얼마 되지 않은 수백만 년 전 조상의 모습이 어떠했을지 알아야 한다. 그래서 생물학과의 비교해부학을 들었다. 입이 없는 물고기와 고양이의 상세한 근육 구조를 해부하면서 한 학기를 보냈다. 물고기의 턱뼈가 우리의 귓속뼈가 되고, 물고기의 아가미가 우리의 턱뼈가 되었다는 사실은 경이로웠다. 지구상의 동물들을 구성하는 기본 틀은 대체로 비슷하다. 다섯 개의 손가락, 발가락에서 시작하고 눈, 귀, 팔다리와 손발은 짝을 이룬다. 여섯 개나 일곱 개의 손가락을 가진 동물은 없으며 눈이 세 개인 동물도 없다. 공부할수록 경이롭고 흥미로웠지만 동물들의 이름과 해부학 용어를 익히느라 수많은 밤을 새웠다.

인간은 동물이다. 움직이는 생물체다. 화석으로 남은 뼈와 이빨은 살아 있을 때 살과 어우러져 몸을 움직였다. 그 작용을 이해하기 위해 체육대학에서 운동생리학 강의를 들었다. 매 학기 네댓 과목을 수강했지만 공부할 분야가 점점 늘어만 가는 느낌이었다.

강의만 4년을 꽉 채워 수강한 끝에 드디어 박사 논문 집필 계획을 세우고 강의 듣기의 대장정을 마감했다.

흥미로운 점은 당시 누구보다 많은 강의를 수강했음에도 유전학 강의는 몇 과목밖에 듣지 않았다는 사실이다. 놀랍게도 당시에는 유전학과 고인류학의 상관관계가 없다고 여겨졌다. 유전학은 1990년대에 두각을 나타내기 시작해 1990년대 후반이 되어서야 고인류학의 중요한 방법론이 되었다. 아마도 나는 유전학을 깊이 배우지 않고도 고인류학을 전공할 수 있었던 마지막 세대일 것이다. 대학원 졸업 이후 일본의 유전학 연구소에서 박사후연구원 생활을 하며 그 대가를 톡톡히 치러야 했지만.

나는 문과생이라는 이유로 중요한 시기에 학문의 기본 틀이라 할 수 있는 몇몇 과목을 배우지 못했다. 고등학교에서 스무 개 가까운 교과목 수업을 들었지만 거기에 물리나 미적분은 없었다. 무엇보다 '과학적 사고'에 대한 내용을 배울 기회가 없었다. 대학원에서 그 결핍을 메우기가 정말 쉽지 않았다. 과학적 사고법과 기초과학은 인류학과 대학원생에게만 필요한 지식이 아니다. 부디 지금은 문이과를 떠나 모든 학생이 이 중요한 내용을 제때 배우고 있기를 간절히 바란다.

문과생의 항변

나는 과학으로서의 고인류학에 매료되었다. 솔직히 말하면 해골에 빠져들었다. 보는 것만으로도 본능적으로 강렬한 감정을 불러일으키는 인간의 해골을 객관적인 수치로 환산해 통계학적인 추론 과정을 거치는 지점이 좋았다. 그 과정에서 해골을 향한 공포심과 혐오감은 사라지고 흥미로운 연구 과제만 남게 된다는 사실이 매력적으로 느껴졌다.

나는 극히 소심하고 겁이 많다. 담도 작아서 별일 아닌 것에도 자주 화들짝 놀란다. 세상에는 무서운 게 너무 많고, 무서운 생각이 들면 밤에 잠도 못 이룬다. 그중에서도 죽음은 큰 공포다.

어린 시절 다수의 사상자가 나온 대규모 화재 사고를 겪기도 했지만, 막상 주검을 처음 마주한 때는 대학 시절이었다. 가족을 대표해서 조문 갈 일이 있었다. 허름한 집의 좁은 방에 마련된 빈소에 도착하니 병풍 앞으로 차려진 제사상 옆에 상주가 우두커니 앉아 있었다.

조문을 마치고 빈소에 앉았는데 제사상 뒤에 세워진 병풍 옆으로 빠져나온 허연 무언가가 눈에 걸렸다. 그것이 병풍 뒤에 눕혀진 삼베에 싸인 시신이라는 걸 알아채기까지 족히 몇 초는 걸렸을 것이다. 나는 그 순간 너무 무서워서 빈소에서 도망치듯 달려 나왔다. 그러고는 그 본능적인 두려움을 마음 한구석에 꽁꽁 싸매 넣어 두었다. 다시는 보고 싶지 않은 광경이었다.

고고학을 전공한 대학 시절에는 주말마다, 방학마다 발굴 현장에서 시간을 보냈다. 어느 날은 발굴 현장이 크게 술렁거렸다. 사람들이 한곳으로 모이기 시작했다. 나도 하던 일을 서둘러 마무리하고 그곳으로 가보았다.

"사람 뼈가 나왔대."

두런두런하는 말소리가 언뜻 들렸다. 사람들이 둥그렇게 둘러싼 가운데서 발굴 책임자가 소주 한 병을 놓고 절을 올리고 있었다. 아마 고인의 평안을 깬 데에 대한 사죄와 영면을 기원하는 의식이었을 테다. 발굴된 인골은 조심스럽게 다른 곳에 옮겨 묻혔다.

고인류학과 인류의 진화를 공부하겠다고 대학원에 진학했다. 고인류학의 주요 자료는 돌이 된 뼈, 화석이다. 대부분의 고인류 화석은 머리뼈다. 해골이라는 뜻이다. 옛 조상의 해골을 연구하려면 당연히 현생인류의 해골을 연구하고 비교해야 했다. 내가 그렇게 무서워하던 해골을 밤낮으로 공부하게 될 줄은 정말이지 꿈에도 몰랐다.

사람이라면 본능적으로 공포심과 혐오감을 가지는 주검과 인골, 해골도 과학의 눈으로 보면 두려울 것도 혐오스러울 것도 없었다. 인문학에서 과학으로의 변화를 꾀하고 있는 미국의 신고고학과 달리 고인류학은 처음부터 과학에 뿌리를 둔 학문이었다.

대학원 과정을 시작한 후 지드 교수의 연구실과 실험실을 처음 방문했던 날을 잊을 수 없다. 사방에 보이는 벽마다 머리뼈가 가득 쌓여 있었다. 인류 조상 화석의 복제품도 있었고, 현대인의 실물 머리뼈도 있었다. 밤늦게까지 혼자 남아 공부하는 날, 자정을 앞두고 실험실을 나서며 불을 끌 때면 사방을 가득 메운 해골의 눈이 번뜩이는 듯해서 소름 끼치도록 무서울 때도 있었다. 그때마다 과학적으로 생각하지 못하는 스스로를 채찍질했다.

인체해부학 실습을 들으면서는 주검과 함께하는 하루가 이어졌다. 단연코 인생에서 가장 끔찍한 시간이었다. 박사 학위 논문 연구를 위해 클리블랜드 자연사박물관에 소장된 수천 점의 인골을 측정하러 매일 인골관에 드나들 때쯤 나는 드디어 인골 따위를 아무렇지 않게 보고 생각할 수 있는 과학자가 되었다.

클리블랜드 자연사박물관을 찾은 것은 고인류 화석 자료와 비교할 수많은 인골이 필요해서였다. 이 자연사박물관에는 수천 구의 연구용 인골이 칸칸이 보관되어 있는 유명한 인골관이 있다. 나는 과학자로서, 고인류학자로서 사람의 몸은 연구를 위한 자료라고 훈련받았다. 문과생이었던 나는 과학자의 길을 택했고 내게 과학자는 모든 자료를 냉정한 눈으로 보면서 숫자로 말하는 사람이었다. 몸이 조각조각 나서 수치로 환원되기 전의, 살아 있는 사람이 영위했을 삶에 대한 관심은 연구에 아무런 도움도 되지 않는다고 생각했다. 숫자로 환산된 자료에 개인사 같은 것은 존재하지 않았다. 그들은 과학의 발전을 위해 시신 기증에 동의한 숭고한 시민일 뿐이었다. 하지만 알고 보니 항상 그런 것은 아니었다.

　　수천 구의 인골이 클리블랜드에 모이게 된 데는 미국 의학사와 깊은 관련이 있다. 과거 미국과 유럽 의학계는 내과의가 중심이 되었고 신체를 직접 만지거나 해부하는 일은 비천한 일로 여겼다. 근대에 이르러서야 의사라는 직업의 지위가 사회적으로 높아지고 외과의가 선망의 대상이 되었다. 의과대학이 점차 늘어나고 의사를 지망하는 학생 수가 늘면서 해부할 시신도 그만큼 많이 필요해졌다. 그러나 시체를 구하기는 쉽지 않았다. 주검을 해부당하는 형벌이 있었으나 해부용 사체의 증가한 수요를 감당하기에는 턱없이 모자랐다. 결국 19세기 초 미국은 해부법을 통과시켜 해부용 사체의 공급을 확보했다. '아무도 찾아가지 않는' 주검을 해부학 실습용으로 사용할 수 있도록 한 것이다. 사망 이후 48시간 동안 아무도 찾지 않으면 시체는 바로 해부학 실습을 의해 처리실로 보내졌다. 인터넷도 없던 시절 48시간은 너무도 짧은 시간이었다. 해부법의 희생양은 범죄자, 병자, 빈민이 되었다. 사회에서 소외된 사람들이었다.

20세기가 되자 해부법으로도 해부용 사체의 수요를 따라가지 못하게 되었다. 20세기 초 미국어는 대학교가 우후죽순 설립되었고 너나없이 의과대학을 개설했기 때문이다. 시장경제는 여러 공급 경로를 개척해 폭발하는 사체 수요를 맞췄다. 사체 도둑이 등장했다. 이들은 장례식에서 시신을 빼돌리거나 무덤을 파서 관을 뜯고 사체를 가져가기까지 했다. 한참 후에 이뤄진 발굴 조사에서 공동묘지 속 시신 없이 묻힌 관이 발견되면서 그 사실이 밝혀졌다. 노예들의 공동묘지에 주인 없는 무덤이 더 많다는 사실도 드러났다. 노예제로 말미암은 19세기 말의 남북전쟁에서 사망한 수많은 병사의 묘지 역시 비슷한 운명을 맞았다. 그들은 목소리가 없는 사람들이었다. 해부학 실습실에서 쓰임을 다한 시체들은 나머지 살점이 제거된 채 뼈만 추려져 박물관의 인골관으로 보내졌다. 그전까지 인골관에는 미대륙 곳곳에 남은 선주민 매장 유적에서 고고학 조사를 거쳐 발굴한 선주민 인골들이 있었다. 인골이 계속해서 늘어나자 오랜 역사를 자랑하는 스미소니언 박물관, 각지의 자연사박물관을 비롯한 수많은 박물관이 앞다투어 인골관을 세우고 인골들을 소장했다. 클리블랜드 자연사박물관도 그중 하나다.

이제 세상은 달라졌다. 미국에서는 더 이상 인골관을 그대로 두지 않는다. 인골관에 소장된 수많은 인골이 누구였는지, 왜 뼈만 남아 인골관으로 오게 되었는지 살피는 작업을 하고 있다. 뼈에서 측정되는 수치만큼 그 뼈로 살아갔던 사람 역시 중요하다. 발견의 과학과 문·사·철의 인문학은 두부 자르듯 깨끗하게 구분되는 개념이 아닐지 모른다.

내게 '혹시 문과세요?'를 물은 사람에게 비아냥 이상의 의도는 없었을 것이다. 하지만 '문과 맞습니다'라고 대답한 나는 진심이었다.

학자의 얼굴

나는 학자인가? 오랫동안 의문을 가진 채 살았다.

박사가 되고 교수가 되는 일에는 뚜렷한 분기점이 있다. 대학원에서 박사 과정을 거쳐 박사 논문을 쓰고, 그 논문이 통과되고, 남은 요구 조건을 채워 박사 과정 전필이라는 증명을 받아 박사라고 쓰인 졸업장을 받으면 그때부터 박사가 된다. 나는 박사다.

교수는 조금 복잡할 수 있다. 대학에서 학생들을 가르치는 사람을 가리키는 보통명사로서의 교수라면 꽤 많은 사람이 이에 속한다. 간혹 대학원생이 학부 강의를 맡아서 학부생들을 가르치기도 하는데, 그때 학생들이 이 대학원생을 교수라고 부르는 일을 두고 종종 논쟁이 일기도 한다. 하지만 학교에 소속되지 않은 일반 사람들 대다수는 이 일에 관심도 없을뿐더러 크게 상관하지도 않을 것이다. 직급으로서의 교수는 보다 경계가 명확하다. 교수로 정식 임용되어 재직증명서와 급여명세서에 교수라 표시된다면 교수다. 나는 교수다.

그런데 나는 학자인가? 이 질문에 답을 하는 데는 상당 기간의 고민이 필요했고, 선뜻 긍정하기 어려웠다.

박사가 되고, 교수가 되고, 테뉴어를 받고 조교수, 부교수를 거쳐 정교수로 승진하면서 각 단계를 통과하기 위한 조건을 하나씩 달성해 가며 앞으로 나아갔다. 인류의 진화에서의 성차 진화를 주제로 박사 논문을 썼고, 교수가 된 다음에도 성차에 대해 계속 연구하며 두뇌 용량의 진화에 대해, 노년기의 진화에 대해 여러 편의 논문을 집필했다. 홀로 쓴 것도 있고, 공동으로 연구해서 쓴 것도 있다.

내가 쓴 논문은 같은 학계에 몸담고 있는 동료 학자 혹은 수련 중인 박사 과정 대학원생을 독자로 상정한 논문이다. 일반 독자가 읽고 이해할 수 있는 수준의 글은 아니라는 뜻이다. '누구나 읽고 이해할 수 있는' 글을 쓰는 일은 적어도 내게는 학자의 소임이 아니었다. 나에게 학자란 한 가지 좁은 분야에 깊게 파고들어 매진하는 사람이었다.

그러다 2004년 노년기의 진화에 관해 쓴 논문이 뜻밖에도 큰 주목을 받았다. 덕분에 한국의 신문에까지 내 이름과 사진이 오르

내렸고, 한국에 계신 부모님도 기쁜 마음으로 내 기사를 정성껏 스크랩했다. 여기저기서 인터뷰를 요청하는 연락이 오기 시작했다. 얼떨결에 인터뷰도 몇 차례 진행했다.

그러면서도 내 기사나 인터뷰를 찾아 읽지는 않았다. 어쩐지 그런 일에 개입해서는 안 될 것 같았다. 내가 생각한 학자는 세속의 때가 묻으면 안 되는 사람이었다. 뭐랄까-, 조선시대의 고고한 선비 같은 이미지를 생각했던 걸지도 모른다. 나는 학자였으므로 '누구나 읽고 이해할 수 있는' 신문 기사에는 관심을 두지 않았다. 어서 대중의 관심이 사그라들기를, 그래서 얼른 다시 나만의 상아탑으로 돌아가게 되기를 기다렸다. 과연 세간의 관심은 금방 꺼졌고 다시 조용한 날들이 찾아왔다. 나는 노년기의 진화를 다룬 논문을 비롯해 비슷한 시기에 썼던 논문들을 기반으로 계속해서 승진하게 되었다.

그러다 아주 우연한 계기로 일반 대중을 상대로 인류의 진화에 대한 글을 쓰게 되었다. 동료 학자나 대학원생이 읽을 글이 아니었기에 전문적인 내용을 학부 신입생이 듣는 교양 개론 강의보다 조금 더 쉬운 수준으로 다듬어야 했다. 내게 새로운 도전이었던 그 작업은 결코 쉽지 않았지만 재미있었다. 당시 〈동아사이언스〉의 윤신영 과학 기자에게 도움을 많이 받았다. 그렇게 나의 첫 대중 과학서 《인류의 기원》이 완성되었다. 이 책은 곧 베스트셀러가 되었고 다양한 상도 받게 되었다. 이 정도면 전무후무한 성공이었다. 많은 사람이 재미있게 읽고 인류의 진화에 관심을 갖게 되었다. 인류의 진화에 대해 잘못 알고 있던 것을 바로 알게 되어 기쁘다는 독자들의 편지를 받았을 때는 연구 논문을 썼을 때와는 완전히 다른 기쁨과 보람을 느꼈다.

하지만 한편으로는 괴로웠다. 많은 사람이 읽고 싶어 하고, 재미있어하는 글을 쓰는 일은 학자의 소임이 아니라는 생각 때문이었다. 학자는 해당 분야의 대학원 과정 이상을 수료한 사람만이 읽고 이해할 수 있는 수준의 연구를 하고 그 결과를 예리하고 정교한 언어를 통해 논문으로 발표하는 사람이어야 했다. 그런 의미에서 신문이나 잡지에 글을 쓰는 교수는 진정한 학자가 아니라고 생각해 왔다. 내가 그런 교수가 되다니.

내가 굳게 믿어온 이상적인 학자상은 나만의 상상이나 고집이 아니다. 교수로 임용된 후에도 계속되는 승진 심사에서 동료 교수의 업적이 얼마나 학문적인 가치가 있는지는 종종 논의의 쟁점이 된다. 집필한 논문은 저명한 학술지에 게재되어 많은 사람이 인용해야 했고(이는 '피인용지수' 'H-지수'라는 지표로 계량화되어 교수 승진 심사에서 중요한 평가 자료가 된다), 책을 쓴다면 대학 출판사에서 출간되어야 했다. 특히 정년이 보장되는 테뉴어 심사에서 인정받으려면 더욱 그렇다. 대학 출판사 책은 많이 팔려야 스무 권이라고 한다.

그 스무 권 중 열 권은 대학교 도서관으로 가서 아무도 빌려 가지 않는 책이 되고, 나머지 열 권은 테뉴어 심사위원들에게 가는데 그마저도 한번 뒤척여진 뒤 곧장 책장 구석으로 가서 영원히 잊혀진다나. 대학 교과서나 교양 서적을 쓰면 학자로서의 실력을 의심받았다. 학계 내부인이 아닌 외부인에게 열린 글은 학자가 써야 할 글이 아니었다.

정말 그럴까? 학계는 상아탑이어야 할까? 학자는 속세와 동떨어진 승려 같은 사람이어야 할까? 나는 언젠가부터 학자의 얼굴을 다시 생각하게 되었다. 학자는 상아탑에 들어앉아 세상과 담을 쌓고 살아가는 라푼젤이어서는 안 된다. 자신의 분야에서 열심히 연구하는 만큼 그 분야를 널리 알릴 의무도 있다. 경제적으로 말하자면 학자들의 연구비와 (특히 공립대학) 교수의 월급은 학생들의 등록금도 있지만 국민이 낸 세금과 기부금에서도 나온다. 학계에 필요한 비용을 국고나 공동기금으로 운용하는 데는 학자들의 연구 활동이 궁극적으로는 세상 전체를 발전시키는 데 보탬이 될 것이라는 생각에 대한 합의가 깔려 있다. 그러므로 새로운 연구를 통해 새로운 지식을 만들어내는 일 못지않게 그 새로운 지식이 옛 지식과 더불어 우리 사회에 어떤 이익을 가져다줄지를 알리는 일도 학자에게 중요하다. 아니, 당장의 삶에 아무런 보탬이 되지 않을 것 같은 지식이라면(이를테면 인류의 진화 같은), 더더욱 널리 알릴 필요가 있다.

모두가 함께 살아가는 사회에서 널리 공유되어야 할 공공의 지식으로서 말이다.

《인류의 기원》 영문판을 내면서는 내가 쓴 글을 내가 다시 영어로 번역했다. 쉽지 않을 줄은 어렴풋이 예상했지만 예상보다도 훨씬 힘들었다. 1년여를 매달린 끝에 번역을 완료할 수 있었다. 그렇게 출간한 영문판이 〈뉴욕타임스〉와 〈네이처〉에서 두루 호평받으면서 여러 상까지 받게 되었다.

그즈음 나는 테뉴어를 받아 조교수에서 부교수로 승진한 상태로, 정교수 승진을 앞두고 있었다. 나는 그동안 내 성과에서 제외했던 대중 교양서를 모두 포함해 심사 서류를 제출했다. 내 승진 심사위원 중에는 교양서를 학문적 성과로 인정할 수 없으니 교양서를 제외한 다른 논문들로만 승진 심사를 하겠다는 심사위원도 일부 있었다. 열심히 썼고 반응도 좋았던 책을 실적으로 인정하지 않겠다고 하니 반발심도 조금 생겼다. 하지만 심사위원 대부분은 나의 교양서적 집필과 다양한 대중 활동을 연구와 더불어 모두 학술 활동으로 인정했다. 내가 2018년 미국 과학진흥협회 펠로 선정에 이어 2025년 미국 생물인류학협회와 리키재단에서 수여하는 과학커뮤니케이션 공로상을 받은 데도 대중과 학계를 막론한 여러 활동이 영향을 미쳤으리라 생각한다.

학자란 어떤 사람인지, 학술 활동이란 무엇인지를 근본적으로 다시 생각하자는 움직임이 오늘날 미국 학계 곳곳에서 일어나고 있다. 그 변화의 물결은 굳건했던 흑자의 고고한 얼굴을 완전히 바꾸고 있다. 그 물결에는 나도 속해 있다. 그렇게 매 순간 학자가 되어 간다.

살아 있는 인류

②

죽음의 음침한 골짜기

　내게 2009-2010년은 어두운 시기였다. 늦은 나이에 결혼해 딸아이를 낳고 나니 어느새 둘째 아이를 원하게 되었다. 딸아이를 어렵지 않게 가졌던 터라 둘째도 그럴 줄 알았다. 하지만 예상과는 달리 한참 소식이 없었다. 임신이 되면 임신을 유지하는 호르몬의 영향으로 체온이 높게 유지된다. 그래서 매일 체온을 재면 임신 신호를 바로 알아챌 수 있다. 어느 날부터인가 높아진 체온이 유지되기 시작했다. 기대했다가 실망하고 싶지 않아서 들뜬 마음을 애써 진정시키고 확인한 임신 테스터기에 반가운 두 줄이 보였다. 그때부터는 기쁘고 감사한 마음으로 조심 또 조심하며 생활했다.

　그런데 올라갔던 체온이 어느 순간부터 다시 낮아졌다. 심장이 쿵 떨어지는 기분이었다. 잠깐 체온계가 고장 난 것이라 믿고 싶었으나 불안한 마음을 떨칠 수 없었다. 낮아진 체온은 다시 오르지 않았다. 나는 한 가닥 희망의 줄기를 붙잡고 침대에 누워서 간절히 바랐다. 살아남거라. 살아남거라. 그러나 이내 아랫배가 아프기 시작했고 나의 두 번째 임신은 그렇게 끝나고 말았다. 나는 화장실 변기를 끌어안고 대성통곡했다.

내가 이럴 줄은 몰랐다. 나는 자연유산에 대해 이성적이고 합리적인 견해를 가지고 있었다. 태아로서 제대로 자라날 요건을 갖추지 못했기 때문에 자연유산을 하는 것이다. 게다가 나는 노산이었으므로 자연유산을 할 가능성이 충분히 컸다. 위태롭게 임신을 지속해서 위태로운 아기를 낳아 끝없는 걱정 속에 살 일을 미연에 방지하는 것이니 얼마나 깔끔한가? 만나보지도, 안아보지도 못하고 어떻게 생겼는지조차 알기 전에 하는 작별 인사는 일상에 그다지 영향을 주지 못하리라 생각했다. 임신 몇 주 만에 자연유산을 했다고 힘들어하고 슬퍼하는 감정 낭비 따위 내 사전에는 없으리라 굳게 믿었다.

변기를 부여잡고 펑펑 울면서 나는 정말 아무것도 모른다는 걸 깨달았다. 손가락 한두 마디 될까 싶은 크기의 핏덩이를 보면서 나는 자식을 잃은 엄마처럼 울었다. 첫 번째 유산을 회복한 이후 머잖아 다시 임신이 되었다. 그러나 다시 유산이 찾아왔다. 두 번째 유산은 첫 번째처럼 하늘이 무너지는 슬픔은 아니었다. 유산을 연이어 겪으면서 나는 딸아이가 얼마나 귀하디귀한 자식인지 깨달았다. 나는 크게 마음 졸이지 않고 어렵지 않게 임신해서 순조롭게 출산해 잘 자고 잘 먹는 세상없이 편한 아기를 얻은 엄마였다. 그것이 얼마나 흔치 않은 경험인지를 두 번의 유산을 통해 온몸으로 절감했다.

두 번째 유산에서 조금씩 마음을 추슬러 일상으로 돌아간 지 몇 개월쯤 됐을 때였다. 한국에 계신 엄마의 입원 소식이 들려왔다. 노년에 접어든 부모님의 반복되는 입원에 대한 이야기를 주변인들에게 많이 들은 터였다. 나는 이 입원이 앞으로 이어질 수많은 입원의 시작이리라고 생각했고, 입원 소식을 듣자마자 한국으로 달려가 병상에 누운 엄마를 보면서 앞으로 더 자주 병원에 들락거리실 텐데 멀리서 그 뒷바라지를 어떻게 하나를 걱정하며 미국으로 돌아왔다. 그러나 바로 2주 뒤에 엄마가 임종 직전이라는 믿기지 않는 말을 전화로 듣게 되었다. 나는 전화기에 대고 외쳤다. "엄마 사랑해요."

부랴부랴 도착한 인천 공항에서 곧바로 장례식장으로 달려가 준비된 소복을 입었다. 나와 조곤조곤 말을 나누던 엄마는 주검이 되었고 영정 사진 속에서 거짓말처럼 웃고 있었다. 나는 상주가 되어 그저 옆에서 하라는 대로 따랐다. 장례식장에서와 마찬가지로 넋을 거의 놓은 채 미국으로 돌아왔다.

다시 몇 개월이 흘렀다. 엄마 없이는 하루도 일상을 영위할 수 없던 아빠가 결국 입원했다는 소식이 들려왔다. 이번에는 연속될 입원의 시작일까? 아니, 아빠도 엄마처럼 급작스레 돌아가실지도 몰라. 불안해졌다. 나는 부랴부랴 한국으로 달려갔다. 전화로 마지막 인사를 전해야 했던 엄마와 달리 아빠의 임종은 지킬 수 있었다. 그 곁에 섰을 때, 아빠는 마지막 순간 내 쪽으로 고개를 돌리고 가벼운 한숨을 쉬었다. 눈에는 눈물이 살짝 고여 있었다. 나는 그의 이마에 손을 댔다. "아빠, 편히 가세요."

두 번째 장례를 치른 뒤 다시 미국으로 돌아왔다. 오랜 타국 생활로 부모님과 함께하지 않는 생활에는 익숙해져 있었지만 두 분이 세상에 없다는 사실은 실감이 나질 않았다. 문득 울음이 북받쳐 올 때가 있었다. 방바닥에 주저앉아 침대에 기댄 채 엉엉 우는 모습을 딸에게 들킨 적도 있다. 웬만한 일에는 놀라는 법이 없는 딸아이는 난생처음 엄마의 울부짖는 모습을 보고 들어온 길 그대로 뒷걸음쳐 방을 나갔다.

당시 나는 사도 바오로가 다마스쿠스에서 겪은 일과 비슷한 정도의 극적인 회심 과정을 거쳐 기독교 신자가 된 지 몇 년 되지 않은 상태였다. 회심기 이후 3년간은 매일 은혜와 감사의 나날을 보냈다. 마치 허니문처럼. 하지만 정확히 3년이 지나자 신은 침묵했다. 내게 날마다 들려주던 사랑의 속삭임, 눈으로 보고 귀로 들을 수 있던 은혜는 어느 순간 고요한 시간으로 이어졌다. 나는 신의 침묵에도 아랑곳하지 않고 매일 묵상과 기도를 했다. 감동 없는 의무 방어전 같은 세월 중 이따금 신의 존재를 느끼기도 했지만 찰나의 순간일 뿐이었다. 나는 이것이 성숙한 어른의 신앙생활인지 궁금했다.

2년 남짓한 시간 동안 네 번의 엄청난 상실을 겪고 나는 하늘을 향해 물었다. 내가 벌을 받는 것일까? 시험에 드는 것일까? 불로 단련되는 것일까? 나는 지금의 상황을 어떻게 이해해야 할지 도저히 알 수 없었다. 기쁨과 감사가 이어지던 허니문 같은 시절은 지났지만 단단하고 덤덤한 뚝배기 같은 모범적인 신앙생활을 하는 내가 받아서는 안 될 벌이었다. 죽음의 그림자가 드리워진 계곡을 지나는 느낌이었다. 앞이 보이지 않았다.

막막한 마음에 점을 보러 갔다. 내 사주를 짚어본 도사는 말했다. 이제 안 좋은 시기가 지났으니 대운이 들어온다. 그러나 그 말은 내게 전혀 도움이 되지 않았다. 도사의 말을 믿을 생각은 애당초 없었다. 그런데도 돈까지 써가며 왜 굳이 거기까지 찾아갔는지는 나도 모르겠다. 너무 답답해서 뭐라도 하지 않으면 안 될 것 같았다.

돌아가신 아버지는 무신론자였다. 당신뿐 아니라 가족 모두에게 무신론을 강요했다. 종교는 자기 일에 책임을 지지 않으려는 비열한 핑계라고 교육했다. 아버지는 내가 기독교 신자가 되자 깊은 실망감을 드러냈지만 내가 시대 핑계를 대니 더 이상 아무런 말도 하지 않았다.

그런 아버지가 어릴 적 교회에 다녔다는 사실을 알게 된 후 나는 적잖은 충격을 받았다. 다니던 교회에서 무슨 일이 있었는지, 어쩌다 신에게 등을 돌리게 되었는지는 이제 영영 알 길이 없다. 그저 아버지가 좋아한 성경 구절이 시편 23편이었다는 걸 아버지가 병원에 입원한 후에 알게 되었다. 나는 중환자실 침대에 누운 아빠에게 매일 시편 23편을 읽어주었다.

몇 번의 상실을 겪은 후 내가 죽음의 그림자가 드리워진 계곡에 있음을 깨달았다. 내게 무슨 잘못이 있어 이런 벌을 받는지 신이 알려주기를 바랐다. 아니면 이 죽음의 계곡에서 언제 나갈 수 있는지 그것만이라도 알려주기를 바랐다. 그러나 아무리 기도를 해도 응답은 없었다.

어느 날은 한국에서 카페에 들어갔는데 낯선 음악이 흐르고 있었다. 귀를 기울여 보니 시편 23편을 가사로 만든 노래였다. 종교를 테마로 한 카페도 아니고 평범한 카페에서 이런 노래를 틀다니 내심 놀랐다. 영어 가사인 탓에 사람들이 크게 신경 쓰지 않는 것도 같았다. 은연중에 종교를 강요하는 느낌이 싫어서 평소라면 CCM이 흘러나오는 식당이나 카페에서 금세 발걸음을 돌렸을 것이다. 그런데 그날은 어쩐지 홀린 듯 커피를 주문하고 테이블에 멍하니 앉았다. 멀리서 아빠가 위로의 말을 건네오는 것 같았다.

"내가 사망의 음침한 골짜기로 다닐지라도 해를 두려워하지 않을 것은 주께서 나와 함께하심이라. 주의 지팡이와 막대기가 나를 안위하시나이다.(시편 23편, 개역개정)"

신은 나를 죽음의 계곡에서 건져주겠다는 약속을 하지 않았다. 단지 함께하겠다는 약속을 했을 뿐이다. 적어도 다윗의 입을 통해 내게 알려주고 있었다.

신앙은 어떤 어려움도 슬픔도 없이 즐겁고 행복한 하루를 만들어주리라는 약속 따위 건넨 적 없다. 내가 붙잡아야 하는 말씀은 죽음의 골짜기에서도 나는 혼자가 아닐 것이라는 약속이었다. 내 원수 앞에서 보란 듯이 나를 챙겨줄 것이라는 약속, 나를 한 단계 성장시키는 약속이었다.

불난리의 기억

　2025년 1월, 역사적인 불난리가 내가 사는 미 서부 로스앤젤레스 지역을 강타했다. 한 달 가까이 계속된 산불은 직접 영향권이 아닌 우리 집 근처까지 매캐한 탄내를 몰고 왔다. 불길이 휩쓸고 지나간 곳에서는 특유의 냄새가 난다. 온갖 물건과 기름이 한꺼번에 타는 냄새는 모닥불이 내는 따뜻하고 포근한 냄새와 다르다. 그 냄새는 왠지 무섭다. 내가 탄내에 두려움을 느끼는 것은 어쩌면 그 냄새가 불러일으키는 어릴 적 무서운 기억 때문일지 모른다.

　특정 냄새나 소리로 떠올리는 기억은 강렬하다. 단편적인 장면뿐 아니라 당시의 감정까지 고스란히 되살아난다. 이미지나 문자를 보면서 기억을 더듬는 경우는 많다. 그럴 때는 차분한 대뇌의 활동이 관여한다. 그런데 소리나 냄새를 통해 떠올리는 기억은 의도적으로 과거를 더듬어 회상하는 대뇌 활동이 아니라 그보다 원초적으로 나도 모르게 터뜨리는 기억의 파편에 가깝다.

특정 냄새가 즉각적으로 기억을 자극해 강렬한 감정을 불러일으키는 현상은 생각해 보면 다소 아이러니하다. 우리는 눈을 통해 세상과 소통한다. 아무렴 눈을 영혼의 창이라고 하겠는가. 인간의 뇌를 해부하면 일단 시신경의 엄청난 크기에 놀라게 된다. 우리의 눈은 그 시신경의 끝이다. 인간의 시신경은 크기가 클 뿐 아니라 거리와 색깔도 감지한다. 두 눈은 같은 방향을 향해 같은 곳을 보고, 같은 곳을 보는 두 눈은 3차원 구도를 감지한다. 머리 양옆에 눈이 달린 동물 대부분은 눈으로 360도 전방위를 살필 수 있다. 한쪽 눈으로 세상의 반을, 다른 쪽 눈으로 나머지 절반을 보는 것이다. 대신 한쪽 눈만으로는 3차원을 가늠하기 힘들다. 인간 역시 눈한쪽을 감으면 거리를 잘 가늠하지 못한다. 한쪽 눈을 가리고 양손의 검지를 멀리 떨어트렸다가 서로 만나게 하는 연습을 해보면 알수 있다. 상당히 어렵다. 그렇게 앞을 향한 두 눈은 3차원 공간 정보를 얻는 대신 눈이 없는 머리 뒤쪽은 볼 수 없게 되었다. 뒤쪽 시야와 앞쪽의 3차원 공간 깊이 감지력을 맞바꾼 셈이다. 거기다 인간의 눈은 색까지 감지할 수 있다. 덕분에 우리 눈앞에는 총천연색 3D 스크린이 펼쳐진다. 두 눈으로 들어오는 이 엄청난 양의 3차원 정보를 처리하는 두뇌 역시 자연히 커지고 발달할 수밖에 없었다.

이렇듯 뛰어난 시각을 자랑하는 인간이지만 반대로 후각은 어디에도 명함을 내놓을 수 없을 정도로 후지다. 시각, 청각, 후각, 미각, 촉각, 오감 중 우리네 인간에게 가장 후진 감각이 바로 후각이다. 대체로 우리는 특정 감각이 발달한 사람을 부러워한다. 눈이 좋거나, 귀가 좋거나, 미묘한 맛을 구별하거나 하면 감탄한다. 하지만 냄새를 잘 맡는 사람을 부러워하지는 않는다. 그런 사람을 '개코'라고 부르지만, 칭찬이나 선망의 뜻이 담긴 말은 아니다. 후각은 사실 가장 등한시되는 감각일 것이다. 시각이나 청각에 문제가 생기면 당장 일상을 영위하는 데 지장이 있지만 후각 없이는 조금 불편하기는 해도 그럭저럭 지낼 수 있다. 감기 때문에 코가 막힌다고 일을 못 하지는 않는다. 그래서인지 무시당하기 일쑤인 후각은 그러나 꽤 중요한 역할을 맡고 있다. 그중 하나가 깊은 기억을 관장하는 일이다.

　　나이가 들수록 점점 희미해져 가는 어린 시절의 기억을 냄새는 순식간에 수면 위로 불러낸다. 파블로프의 조건반사 실험처럼 즉각적이기까지 하다. 나는 탄내를 맡으면 어느 추운 겨울밤 불타고 있는 우리 집을 바라보는 여덟 살의 나로 돌아간다. 그때쯤 불난리를 크게 겪어서 지금도 탄내가 코에 스치기만 하면 나도 모르게 그때 그 순간으로 시간 여행을 하고야 만다. 나는 언덕 위에서 불타는 건물을 바라보고 있다. 겨울밤에 잠옷 바람인 나는 춥기만

하다. 멀찌감치 활활 타고 있는 건물은 우리 집, 대왕 코너다. 청량리역 근처에 있던 대왕 코너는 7층짜리 주상복합건물이었다. 주상복합이라고는 하지만 5층만 아파트였고, 나머지는 모두 상가였으니 상가 건물에 아파트가 한 층만 끼어 있는 셈이었다.

그런데 묘하게도 당시로서는 드물었던 아파트에 사는 아이라고 해서 반 아이들은 나를 낯설게 보고 놀아주지 않았다. 부모님은 고층 아파트에 사는 우리가 남들보다 앞서가는 서구화된 가정이라고 생각했던 것 같다. 어린 나는 대문을 열면 마당이 나오는 집에 사는 게 꿈이었다. 엘리베이터를 타고 올라가야 하는 집이 싫었다.

아파트 아래층에는 평범한 상점들이 있었고, 아파트 위층으로 6층과 7층은 호텔과 카바레였다. 일반 상점과 유흥 상점을 구분하는 층이 바로 5층의 아파트였다. 지금 생각해 보면 아이를 키우기에 아주 건전한 환경은 아니었던 듯싶다. 바로 그 카바레에서 난 불이 건물 전체로 번져서 대규모 인명 피해를 냈다.

소방차가 달려왔고 화재 진압을 위해 고가 사다리차가 동원되었다. 5층 아파트에 살던 몇몇 집은 서로 오가며 친한 이웃으로 지내던 터였다. 나는 그중 한 집의 자매 언니 둘을 특별히 잘 따랐다. 불이 나던 날, 불길에 휩싸인 우리 집보다 그 이웃 언니 등에 업혔던 기억이 생생하게 남아 있다.

컴컴한 밤길을 하염없이 걷던 언니의 등에 업혔던 나는 몸이 조금씩 언니의 등 아래로 내려가는 것을 느꼈다. 언니라고 해봤자 중학생이었을 텐데 당연히 힘에 겨웠으리라. 나는 어쩐지 미안해서 다리에 힘을 주었다. 어린 마음에 그러면 조금이라도 가벼워질까 싶어서. "힘 빼. 힘 빼고 그냥 있어." 등을 타고 들려오던 언니의 목소리가 지금도 귓가에 들리는 듯하다. 그날 밤, 나를 업고 언덕길을 오르내린 언니는 이미 소식이 끊긴 지 오래지만, 이 지면을 통해서라도 고맙다는 말을 전하고 싶다. 정신이 없던 탓인지 고맙다는 말을 한 번도 하지 못한 것 같다. 언니, 그날 밤 나를 업고 걸으면서 힘들었지요? 정말 고마워요.

모두 타버린 몇몇 층과 달리 아파트 층은 불길을 피한 집이 몇 있었다. 다행히 우리 집도 무사했지만, 가재도구와 옷가지에서는 탄내가 가시지 않았다. 집에 들어가니 모든 물건에서 탄내가 났다. 아파트 층에 남은 우리들은 카바레에서 춤추다 죽은 귀신 이야기를 지어내며 놀았다. 화재 이후 건물이 걸핏하면 정전되었기 때문에 아이들이 깜깜한 방에 모여 놀기에는 좋았다.

춤추다 죽은 귀신 이야기를 만들어내고, 불길 속에 춤추다 죽는 시늉을 하며 놀았다. 그러다가 전기가 들어오면 종이 인형 놀이나 소꿉놀이를 했다. 물론 귀신 놀이만큼 짜릿하지는 않았다. 여덟 아홉 살짜리 아이가 화재를 통해 배운 교훈은 카바레에 가면 안 된다는 것뿐이었다.

그다음 해에도 대왕 코너에 불이 났다. 결국 우리 가족은 대왕 코너를 떠나 이사했다. 귀신 이야기를 만들어내며 놀던 이웃 친구들도 뿔뿔이 헤어졌다. 이사한 다음에도 집기에 밴 탄내는 좀처럼 사라지지 않았다. 수십 년이 지나도 남을 타는 냄새는 끈질겼다. 대왕 코너 화재가 일어난 때가 1974-1975년이니 지금으로부터 약 50년 전의 일이다.

어렴풋한 내 기억 속 어디까지가 사실인지 알고 싶어 인터넷을 찾아보니 당시 사고에 대한 정보를 쉽게 얻을 수 있었다. 연이은 두 해에 걸쳐 큰불이 났고, 아파트가 있던 5층은 일부만 탔으나 나머지 층은 전소했다. 잇따른 화재로 대왕 크너가 문을 닫게 되어서 우리 가족도 이사를 갔던 것 같다. 당시 손에 꼽힐 만큼 대형 화재 사고였다는데, 부모님은 어느 정도라도 피해 지원금을 받으셨을까? 알 수 없는 일이다.

지금의 나이가 되어서도 사람이 많고 밀폐된 공간에 가면 그 시절의 사고가 생각나 심장이 뛰고 두려움이 몰려든다. 그럴 때마다 나를 힘겹게 업고 발걸음을 재촉하던 이웃 언니의 등을 떠올리며 마음을 가라앉힌다.

견중일기

딸아이는 말을 배우기 시작할 무렵부터 개를 키우고 싶어 했다. 그림을 그릴 때도 항상 개를 그렸고, 매년 크리스마스가 올 때마다 강아지를 키우자고 졸랐지만, 그럴 때마다 매번 부모의 반대에 부딪혀 크게 실망하곤 했다.

실은 나 역시도 어린 시절 개를 키우고 싶다고 간절히 바란 적이 있다. 만약 키운다면 어떤 이름을 붙여줄지, 함께 놀면 얼마나 좋을지를 매일 상상했다. 하지만 어릴 적에 키우던 강아지가 농약을 먹고 죽는 사고를 경험한 엄마는 당신 인생에 개는 더 이상 없다고 단단히 못 박았다. 그렇다고 다른 동물을 집에 들이도록 허락한 것도 아니었다.

나는 어른이 되어서도 개를 키우고 싶다는 꿈을 포기하지 못했다. 이따금 어떤 개를 키울지 행복한 고민을 자청하면서 '나에게 가장 잘 맞는 개'를 찾는 테스트를 해보면 항상 같은 결론이 나왔다. '당신의 생활 패턴에 맞는 개는 없습니다.' 혼자 살면서 집에서 잠만 자던 시절이었으니 당연했다.

결혼 후 아이를 낳은 다음에도 기회는 있었다. 거기다 딸아이까지 간절히 원하니 마음만 먹으면 추진할 수도 있었다. 하지만 막상 때가 닥치니 내가 주저하게 되었다. 당시 나는 커리어와 어린 딸만으로도 버거웠다. 강아지까지 돌볼 심리적, 시간적 여유가 없었다. 그렇게 딸아이의 소원은 매년 2:1로 부결되었다.

그러다가 작년에야 비로소 내가 딸아이 편에 섰다. 조만간 성인이 되어 집을 떠날 딸의 간절한 소원을 들어주고 싶었다. 나도 지금이라면 강아지를 돌볼 여유를 낼 수 있을 것 같았다. 그렇게 강아지 프로젝트는 과반수의 찬성으로 가결되었고, 나와 딸은 1년 동안 반려견과 함께할 준비와 공부에 매진했다. 끝까지 반대표를 던진 남편에게는 손가락 하나도 까딱하지 않게 하겠다는 약속을 하고 2025년 새해가 되자마자 우리는 강아지를 집으로 들였다.

그때부터 나의 개고생이 시작되었다.

첫 난관은 배변 훈련이었다. 태어난 지 겨우 두 달이 조금 지난 강아지는 새벽 서너 시만 되어도 일어나서 짖기 시작하다 그 후로는 한 시간마다 배변을 했다. 배변 활동은 주로 집 안에서 이루어졌고, 나는 닦고 치우기 바빴다. 집 안 구석구석을 핥고 다니는 강아지를 위해 화학약품이 들어간 청소용품을 사용할 수도 없었다. 집 밖에서만 배변을 하면 좋겠지만, 개 입장에서는 억울할 것이다. 인간들은 집 안에서 볼일을 다 보면서, 자기한테만 실외 배변을 요구하다니.

딸아이는 학교에서 돌아오면 집에서 개 냄새가 난다고 했다. 다행히도 내게는 그 냄새가 나지 않는다. 분명 예전에는 개를 키우는 사람들에게서 나는 개 냄새가 거북해서 개를 키우고 싶다가도 냄새 때문에 망설이고는 했기에 이상했다. 그런 고약한 냄새가 우리 집과 내게서도 난다는 뜻인데 아무렇지 않았다. 설마 내가 이 강아지를 사랑하는 걸까?

강아지는 태어난 지 다섯 달을 넘기면서 드디어 손이 덜 가기 시작했다. 배변 훈련은 별문제 없이 끝났고 알아듣는 명령어도 제법 늘었다. 어린 강아지에게 세상은 매일 새롭고 즐겁다. 그 옆에서 나까지 덩달아 새로운 눈으로 세상을 본다.

칭찬은 고래도 춤추게 한다고 했던가. 말을 잘 들을 때는 칭찬을 잔뜩 해주고 말을 듣지 않을 때는 무시하는 양육법을 쓰고 있다. 내가 원하는 행동을 하면 마구 칭찬하면서 간식을 준다. 원하지 않는 행동을 한다고 야단치는 건 금물이다. 개는 꾸짖음을 이해하지 못한다. 부정적인 감정만 느낄 뿐이다. 그래서 잘못된 행동은 못 본 척한다. 하지 않기를 바라는 행동을 할 때 반응하지 않기는 생각보다 어렵지 않았다. 처음 몇 번만 힘들었을 뿐 익숙해지니 그러려니 하고 넘기게 되었다.

요즘은 강아지와 눈을 마주하면 뜻이 통하는 느낌이 든다. 착각은 아닐 것이다. 개는 인간의 소울메이트라 불릴 만큼 인류 역사에서 가장 오래된 동반자다.

인간은 죽은 자를 땅에 묻음으로써 의미를 부여한다. 인간이 죽은 인간을 묻기 시작한 때는 아마도 네안디르탈인 시대와 유럽 구석기시대부터일 거라고 추정한다. 그런데 그 후 얼마 지나지 않아 죽은 개도 땅에 묻기 시작했다. 가장 오래된 개의 무덤은 독일 본의 오버카셀에서 발견된 1만 4천 년 된 유적이다. 두 마리의 개와 사람 두 명이 묻힌 무덤인데 개 중 한 마리는 치명적인 병에 걸렸지만 돌봄을 통해 한 달은 더 살았다고 한다. 오늘날의 사람만큼 개를 소중히 여겼다는 뜻이다.

인간은 개를 왜 키우게 되었을까? 개는 가축으로서는 가성비가 좋지 않다. 육식동물인 늑대보다는 초식동물을 길들이는 쪽이 경제적으로 훨씬 효율적이다. 육식동물을 가축으로 길들인다면 고기를 얻기 위해 고기를 먹여 키우는 셈이기 때문이다. 인간은 먹고 살 걱정이 덜해진 현대에 들어서가 아니라 1만 년도 더 전부터 개를 실용적 목적이 아닌 반려동물로 키워왔다.

동물의 가축화는 약 1만 년 전 신석기시대에 시작되었다. 그런데 늑대가 개로 변하기 시작한 것은 그보다 훨씬 전인 약 3만 6천 년 전의 일이다. 최근의 유전학 연구에 따르면 개는 다른 어떤 동물보다도 먼저 인간과 함께 살았다고 한다. 3만 6천 년 전 유럽에서는 무슨 일이 일어났던 걸까? 현생인류가 개와 연대한 덕분에 네안데르탈인을 제치고 빙하기 유럽에서 살아남을 수 있었다는 주장이 있다. 네안데르탈인과 현생인류는 빙하기 유럽의 최상위 포식자였다. 둘 다 무리를 지어 사냥했고 비슷한 크기의 먹잇감을 쫓았다. 여기서 현생인류는 늑대와 동맹을 맺음으로써 네안데르탈인과의 경쟁에서 선택적 우위를 점했다. 늑대-인간 동맹으로 네안데르탈인은 멸종하고 늑대는 개가 되었다. 그렇게 해서 인간과 늑대 모두 살아남을 수 있었다.

사람과 개는 수만 년 동안 동맹 관계를 맺으며 특별한 교감을 나누는 사이가 되었다. 개는 평균 5억 개의 뇌세포를 가진다. 개와 더불어 대표적인 반려동물이라고 할 수 있는 고양이보다 두 배 많은 수의 뇌세포다. 개는 이 엄청나게 많은 뇌세포를 무엇을 하는 데 사용할까? 천문학적인 수의 뇌세포를 가진 또 다른 동물, 인간에게서 그 힌트를 얻을 수 있다. 인간의 거대한 뇌는 집단 규모의 증가와 그에 따른 사회적 복잡성의 증가에 따른 결과다. 집단의 규모가 커지면 구성원 간에 교환하는 정보량이 많아지고, 이에 따라 개인이 저장하고 처리해야 할 구성원에 대한 정보량도 많아진다. 게다가 이 정보는 시시각각으로 변할 수 있다. 심리학자 로빈 던바 Robin Dunbar가 주장한 사회적 두뇌 가설에 따르면 역동적이고 끊임없이 증가하는 사회관계 정보를 저장하고 처리하기 위해 우리의 두뇌가 커졌다고 한다.

마찬가지로 강렬한 사회적 동물인 개 역시 사회적 관계에 대한 정보를 저장하고 처리하기 위해 뇌가 커졌다고 추측할 수 있다. 인간과 개를 이어주는 특별한 관계는 큰 두뇌가 제공하는 뛰어난 사회적 기술과 섬세한 관계 감각력에서 나온다. 강아지를 키우려면 강아지와 교감하며 소통해야 한다는 것을 전에는 몰랐다. 나는 앞서 말했듯 긍정 교육법을 따르고 있다. 매일 하는 똑같은 행동도 계속해서 칭찬하고, 잘못한 일은 무시하거나 재빨리 주의를 돌린다. 엎드리라는 말에 엎드리면, 누우라는 말에 누우면, 앉으라는 말에 앉으면 아낌없이 칭찬한다. 그런데 강아지를 칭찬할 거리가 그다지 많지 않다는 게 문제였다.

나는 열심히 칭찬할 거리를 찾다가 눈에 띄지는 않지만 잘하고 있는 일도 있다는 새로운 사실을 발견했다. 바로 '하지 말아야 할 짓을 하지 않는 일'이었다. 문이 열려도 뛰어나가지 않아서, 산책하면서 성급하게 나를 앞서지 않아서, 다른 개를 보고도 짖지 않아서, 옆을 지나는 자동차를 보고도 뒤쫓지 않아서, 강아지는 칭찬

받아 마땅했다. 자세히 지켜보기만 한다면 칭찬할 거리는 무궁무진했다.

　잘못한 일, 눈에 거슬리는 일을 지적하기는 쉽다. 반면 칭찬하기 위해서는 세심한 관찰이 필요하다. 그런데 한번 찾기 시작하면 칭찬할 거리도 넘쳐난다. 학생들을 비롯한 주변 사람들 모두에게 지적할 거리만 찾고 있었던 건 아닌지 다시 한번 나를 돌아보게 되었다. 나는 이제 매의 눈으로 칭찬할 점을 찾아낸다.

음식물 쓰레기를 버리면서

내가 사는 로스앤젤레스에서는 2023년부터 음식물 쓰레기를 다른 방식으로 수거하기 시작했다. 이전까지는 음식물 쓰레기를 일반 쓰레기와 함께 검은색 쓰레기통에 버렸다. 이제는 별도의 녹색 쓰레기통에 버려야 한다. 음식물 쓰레기를 비닐봉지에 담았다면 내용물만 녹색 쓰레기통에 쏟아서 버리고 비닐봉지는 검은색 일반 쓰레기통에 버려야 한다.

녹색 쓰레기통은 퇴비로 만들 수 있는 쓰레기를 수거하는 용기다. 과거에는 낙엽, 잔디, 꽃 등 정원 쓰레기간 여기에 해당했는데 이제는 음식물 쓰레기가 포함된다. 점차 종류가 늘고 있는 '퇴비화 가능compostable' 제품도 같이 녹색 쓰레기통에 버릴 수 있다. 퇴비화가 가능한 냅킨, 일회용 수저, 일회용 용기가 포함된다. 쓰레기를 줄여보자는 시 정부의 야심 찬 계획이다. 쓰레기는 일주일에 한 번 수거하므로 음식물 쓰레기 역시 일주일 동안 집에 모았다가 쓰레기를 수거하는 날에 맞춰 버려야 한다.

환경보호, 에너지 절약이라는 당연하고 원대한 목표에 찬성하는 마음과는 별개로, 음식물 쓰레기를 분리수거할 생각을 하니 골치가 아팠다. 냄새 나는 음식물 쓰레기를 따로 모아서 일주일간 보관하는 일부터가 문제였다. 시판되고 있는 몇 가지 제품을 둘러보았다. 먼저 음식물 쓰레기를 건조해서 냄새도 없애주고 부피도 줄여주는 기계인 건조기(처리기)가 있다. 하지만 추가될 전기료와 그 기계를 주기적으로 씻어 깨끗이 관리할 일이 신경 쓰였다. 집에 마당이나 정원, 뒤뜰 등의 공간이 있다면 옥외 저장고를 두고 쓸 수도 있다. 하지만 설치 비용이 만만치 않고 보기에도 좋지 않은 데다 냄새가 나는 건 마찬가지다. 거기다 저장고 주변으로 꼬여들 벌레와 동물까지 생각하니 절로 머리가 아팠다. 집에서 사용하는 냉장고나 냉동고에 보관하는 방법도 있다. 공간이 부족하면 추가로 냉장고 혹은 냉동고를 장만하면 된다. 하지만 환경을 위한 일에 동참하자고 무언가를 더 사거나 비용을 쓰자니 어딘가 거부감이 들었다. 어찌어찌 며칠간 모은 음식물 쓰레기를 초록색 쓰레기통에 버리던 첫날, 나는 마스크와 일회용 비닐장갑으로 무장한 채 쓰레기를 들고 밖으로 나갔다. 마스크를 썼는데도 냄새는 요란했다. 내용물을 쓰레기통에 쏟아붓고, 봉투는 검은색 쓰레기통에 던져 넣은 뒤 재빨리 집으로 돌아와 손을 씻었다.

그 후 2년이 지났다. 나는 처음 방식대로 계속 음식물 쓰레기를 처리하고 있다. 부엌 개수대 옆 작은 통에 음식물 쓰레기를 모은다. 작은 통이 다 차면 문밖에 둔 중간 크기 통에 옮겨 담는다. 뚜껑이 있어서 벌레나 동물들을 막을 수 있다. 쓰레기 수거차가 오는 날 아침 일찍 일주일 동안 모은 음식물 쓰레기를 녹색 쓰레기통에 쏟는다. 냄새도 외형도 처음에만 좀 거슬렸지 몇 달이 지나니 익숙해졌다. 지금은 아무렇지도 않다. 이제는 맨손으로 음식물 쓰레기 봉투를 들고, 마스크도 장갑도 쓰지 않는다. 냄새도 그럭저럭 참을 만하다.

우리는 무엇에든 익숙해질 수 있다. 나는 일전에 이스라엘에 있는 유적인 하요님 발굴에 참여한 적이 있다. 하요님은 산 중턱에 있는 동굴이다. 아침마다 승합차를 타고 발굴 현장에 가면 하루 작업이 끝날 때까지 현장을 떠날 수 없었다. 작업 첫날 아침, 새로운 작업에 대한 설렘 가득한 마음으로 도착한 동굴에서는 온통 고약한 냄새가 났다. 하요님 동굴은 네안데르탈인 시대부터 나투피안 문화를 거쳐 발굴 작업이 시작되기 직전까지도 목동들이 양과 염소를 치면서 쉬어가던 지역이었다. 인간과 함께하 온 수만 년간의 역사가 수 미터는 족히 넘는 높이의 흙에 켜켜이 쌓여 있었다. 흙은

위를 걸으면 발이 들어갈 정도로 푹신했고, 걸을 때마다 먼지가 일 만큼 가벼웠다. 고약한 냄새를 풍기는 범인은 바로 그 흙이었다. 그 흙은 양과 염소의 분변이 쌓이고, 마르고, 굳고, 삭다가 다시 새로운 분변이 쌓이는 과정이 수천 년간 반복되어 온 결과였기 때문이다. 그러니까 수천 년간 생성된 자연 퇴비 위가 작업장인 것과 다름없었다.

    나는 이를 악물고 작업하기 시작했다. 쉬는 시간이 되면 발굴 단원들은 가장 시원한 동굴 안쪽으로 들어가서 바닥에 앉아 쉬었다. '땅바닥이 아니라 똥 바닥 아닌가'라는 생각을 멈출 수 없었다. 하지만 사람들은 똥 바닥에서 쉬고, 새참과 간식도 먹고, 점심 식사도 했다. 나는 견딜 수 없었다. 한국에서는 비위가 강하기로 어디서도 빠지지 않는 나였는데 끝내 똥 더미 위에서 밥 먹을 엄두는 내지 못했다. 그렇다고 현장을 떠날 수도 없었다. 나는 새참도 점심도 휴식도 마다하고 작업을 계속했다. 기분 탓이었겠지만 적어도 내 작업 구획 안에서는 냄새가 나지 않는 것 같았기 때문이다. 그렇게 괴로운 하루하루를 보냈다.

    그런데 어느 날부터는 아침 발굴 현장에 도착해서도 아무런 냄새를 맡을 수 없었다. 약간 고소한(?) 느낌만 코에 스칠 뿐이었다. 나는 곧 쉬는 시간에 아무렇지 않게 바닥에 앉고, 간식과 점심을 먹을 수 있게 되었다. 현장에 합류한 첫날부터 일주일은 거의 아무것도 못 먹었는데 예정된 발굴 작업을 마치고 미국으로 돌아갈 즈음에는 오히려 체중이 늘었다.

염소똥 냄새에도, 음식물 쓰레기 냄새에도 익숙해진다. 어떤 환경에도 익숙해지고야 마는 막강한 적응력으로 인간은 끝까지 살아남았을 것이다. 그러나 이 위대한 적응력은 때로 양날의 칼이 되기도 한다. 믿을 수 없이 고약한 냄새에도 시간이 흐르면 무감해지듯이, 어처구니없는 부패와 막무가내와 억지에도 사람들은 곧잘 익숙해진다. 더 이상은 못 견디겠다는 생각도, 고약하다는 생각도 못 하고 그러려니 하면서 살게 된다. 트럼프가 처음 대통령 후보로 나왔을 때, 당선되었을 때, 재차 당선되었을 때 느꼈던 역한 감정은 어느새 사라져 버렸다. 여전히 믿기지 않을 만큼 놀라운 그의 행보를 보며 경악하고 있지만, 그 경악스러움에조차 익숙해지는 자신을 발견한다. 처음에는 매일 경악한 채로 악취를 느끼지만, 어느 순간부터는 익숙해져 버린다. 우리는 어쩌면 우리의 막강한 적응력을 경계해야 할지도 모른다.

음식물 쓰레기를 버리면서 달라진 나를 발견한다. 나도 모르게 집에서 나오는 쓰레기의 양을 줄이려는 노력을 하게 되었다. 음식물 쓰레기뿐 아니라 모든 종류의 쓰레기에 신경이 쓰인다. 음식물 쓰레기에 대해서는 더 깊이 생각하게 되었다. 슈퍼마켓에서 판매하는 식재료는 이미 어마어마한 양의 쓰레기를 만들어낸 결과다.

탐스럽게 큰 당근의 무성한 잎과 줄기는 소비자인 내게 보이기도 전에 잘려 사라졌다. 식물은 뿌리가 큰 만큼 잎도 무성히 자란다. 그 당연한 진리를 이제야 깨닫는다. 동네에 일요일마다 열리는 주말 시장에서는 잎줄기나 뿌리를 다듬지 않은 자연 그대로의 채소를 판다. 나는 비트를 좋아하는데 줄기도 맛이 좋다. 동네 시장에서 사온 비트의 줄기를 송송 썰어 볶아서 먹고 수프에 넣어서도 먹었다.

 음식물 쓰레기를 줄이려면 식재료가 상하지 않도록 냉장고를 부지런히 관리해야 한다. 조금만 방심하면 냉장고 안에서 상한 식재료를 마주하기 십상이다. 보이지 않는 구석에 방치해 둔 식재료를 까맣게 잊고 새 음식을 사다 먹는 일도 흔하다. 냉장고를 그때그때 정리해 안에 무엇이 있는지 한눈에 볼 수 있도록 하니 남은 것을 파악하기도, 식단을 계획하기도 쉬워졌고 새로 장을 보는 일도 줄었다. 우리 세 가족이 배출하는 일주일 음식물 쓰레기는 세 봉투 정도였는데, 강아지가 들어온 후로 음식물 쓰레기가 줄었다. 다듬어서 버리던 채소 밑동이나 신선도가 살짝 떨어진 채소와 과일 상당량이 강아지 몫이 되었기 때문이다. 강아지는 사료보다 신선한 식재료를 먹어서 좋고, 나는 사료값을 아끼고. 일거양득이다. 플라스틱 용기에 대해서도 다시 생각하게 되었다. 그동안 무심히 사용했던 일회용품과 재활용 쓰레기를 줄일 방법도 계속해서 찾고 있다.

 한번 쓰레기를 의식하기 시작하니 주변에 물건이 너무 많다는 생각이 들었다. 여기저기 널려 있는 연필, 볼펜, 노트 등 문구류를 한데 모아보니 산처럼 쌓였다. 언젠가는 쓰겠지 싶어 버리지 않았던 탓이다. 이렇게 쌓인 물건이 다른 물건을 가리고, 그 탓에 안 보이는 물건을 다시 사고… 그 결과 스카치테이프도 스테이플러도 몇 개씩이나 두게 되었다. 마음을 단단히 먹고 쓸데없이 여러 개씩 있는 문구류를 처분하고 나니 이번에는 옷장이 눈에 걸렸다. 언젠가는 입겠지 싶어 보관해 두었지만 지난 5년간 입지 않았던 옷들, 몸에 맞아도 어딘지 태가 이상하거나 스타일이 어색한 옷들은 과감하게 처분했다. 내친김에 부엌도 정리했다. 일회용 용기, 뚜껑 혹은 몸체만 있는 짝 없는 용기는 내다 버리고 뚜껑이 있는 냄비와 찬합들은 모두 짝을 찾아 함께 두었다. 그러고 나니 부엌 물건들을 한 눈에 모두 확인할 수 있게 되었다.

 이 모든 일이 괴롭기만 했던 음식물 쓰레기 버리기로부터 시작되었다. 음식물 쓰레기는 내가 세상에 남기는 모든 흔적, 모든 쓰레기를 다시 생각하도록 해주었다. 내 일상과 시간, 공간 나아가 환경에까지 악영향을 미쳤던 쓰레기를 줄이면서 일상과 시간, 공간을 되찾아 가고 있다.

소중한 어린 시절

　강아지는 4개월 차가 되자 이를 갈기 시작했다. 어느 날에는 앞니가 하나 없어진 것을 발견했다. 그러더니 차츰 하나둘씩 이빨이 빠졌다. 영락없이 앞니 없는 유치원생의 모습이었다. 빠진 젖니를 찾을 수는 없었다. 아마 삼켰을 것이다. 이따금 언뜻언뜻 잇몸에 이 빠진 자리가 보이면 아, 젖니가 하나 더 빠졌구나 했다.

　강아지에게는 스물여덟 개의 젖니가 있다. 젖니가 스무 개 있는 인간보다 훨씬 더 많다. 그 작은 턱 안에 이빨이 스물여덟 개씩이나 들어가 있으니 하나하나가 쌀 한 톨보다 작지만, 끝은 바늘처럼 뾰족하다. 그래서 강아지가 살짝만 깨물어도, 살갗에 이빨이 살짝 스치기만 해도 구멍이 뚫리고 피가 나기 십상이다. 나 역시 상처투성이가 된 팔다리에 연고와 반창고를 붙이는 나날이 계속되었는데 이제 드디어 끝인가 싶었다.

강아지의 젖니는 무서운 속도로 빠졌다. 그런데 빠지는 속도만큼 영구치도 순식간에 올라왔다. 이빨이 빠졌다는 걸 눈치채기가 무섭게 며칠만 지나도 크고 하얀 영구치가 솟아 있었다. 개의 스물여덟 개 젖니는 마흔두 개의 영구치에 자리를 내어준다. 젖니보다 수도 많지만 크기도 훨씬 크다. 그 영구치가 날 자리를 마련해 주기 위해 개의 턱은 길고 깊어진다. 그렇게 강아지는 개가 된다. 심지어 이 모든 과정이 두어 달 만에 마무리된다. 무서운 속도다.

속도가 빨라야만 하는 이유가 있다. 젖니가 빠진 다음 영구치가 나기까지 꾸물대는 것은 그다지 현명한 생존 전략이 아니다. 어금니가 하나 빠지면 어금니 두 개가 제구실을 못 한다. 아래턱 어금니가 하나 빠지면, 빠진 어금니와 맞닿는 반대편 위턱의 어금니까지 제대로 못 쓰기 때문이다. 그러니 젖니에서 영구치로 바뀌는 과정에 시간이 걸릴수록 안 좋다. 그만큼 제대로 먹지 못하고, 싸우지 못하고, 결국 살아남는 데 불리한 기간이 길어지니까. 어린이가 어른이 되는 전환기, 그중에서도 제대로 덕을 수 없는 기간, 생명이 위태로워질 수도 있는 이 기간은 짧으면 짧을수록 좋다. 영양분을 잘 섭취하지 못하고 얼굴 생김새도 자리를 잡지 못한 불안한 시기를 길게 치를 필요는 없다. 두어 달에 걸쳐 이빨을 모두 갈아치운 개는 자연의 순리대로 자라고 있다.

그러고 보면 인간의 성장 단계는 어딘가 이상하다. 인간 어린이는 대략 여섯 살에 첫 젖니가 빠지고 첫 영구치가 나온다. 열두 살 정도까지 6년 동안 드문드문 스무 개의 젖니가 빠지고 스물여덟 개의 영구치가 난다. 거기다 마지막 영구치 네 개(사랑니)는 그보다 6년이 지난 열여덟 살 즈음이 되어야 나온다. (사랑니가 아예 나지 않는 경우도 많다.) 사랑니까지 포함한다면 서른두 개의 영구치가 무려 12년에 걸쳐 나는 셈이다. 두어 달 만에 속전속결로 해치워 버리는 강아지와는 비교도 할 수 없을 정도로 긴 시간이다. 단순 계산하기에는 다소 무리가 있지만 개의 1년은 인간의 7년과 같다고 한다. 그렇다면 강아지에게 두어 달 걸리는 영구치 교체가 인간에게는 1년이 걸려야 셈에 맞다. 여섯 살을 기점으로 하면 일곱 살 무렵에는 영구치 교체가 모두 끝나야 한다. 1년이면 될 과정을 12년씩이나 들인다. 그래서 인간의 '어린이 단계'는 수수께끼로 남아 있다.

젖니가 빠지고 영구치가 나는 6년, 그러니까 여섯 살부터 열두 살까지는 인간의 성장 단계에서 치아 말고는 별다른 일이 일어나지 않는다. 이전의 6년에 비해 성장 속도가 느려진다. 몸은 계속 크지만 극적으로 자라지는 않는다. 키는 영구치가 거의 다 나는 열두 살부터 시작되는 청소년기에 부쩍 자란다. 두뇌는 6세 정도에 어른 두뇌 용량의 80-90퍼센트 선까지 발달하기 때문에 그다음부터는 눈에 띄게 커지지 않는다. 젖니가 느릿느릿 빠지고 영구치가 나오는 사건이 반복되면서 어린이의 얼굴은 불안정한 상태로 계속 바뀐다. 젖니만 있어 귀엽고 앙증맞기만 한 첫 6년의 유아 시절에 비해 치아가 교체되는 그다음 어린이 시절은 자그마한 얼굴과 큰 영구치 탓에 입과 턱의 균형이 깨진다. 턱이 커지면서 얼굴 생김새도 어색해진다. 얼마간 치아가 빠진 채로 지내기 때문에 발음도 정확하지 않고 바람 새는 소리가 난다. 할 수 있는 일 없이 밥만 축내는 이 어중간한 시기가 왜 이리 긴 걸까?

수수께끼의 해답은 태어난 직후 첫 6년 동안 눈부신 성장을 거듭하여 크기 면으로는 거의 완성되는 기관, 두뇌에서 찾을 수 있다. 두뇌는 태아 시절부터 출생 직후까지 쉬지 않고 계속 자라서 크기로는 여섯 살쯤에 거의 완성된다. 그리고 그다음 6년 동안 어린이는 다른 일은 제쳐두고 인간에게 가장 중요한 기관인 두뇌를 쓰는 법을 연습한다. 살아가기 위해 필요한 정보를 흡수, 소화하고 응용한다. 사회 속에서 다양한 관계를 만들어나가고 협동, 갈등, 중재, 화해, 협상의 변주를 수없이 시도한다. 그러니까 아무 일도 일어나지 않는 시기인 듯한 아동기는 온전히 학습만을 위한 시기인 것이다. 많은 나라가 6-12세의 국민을 초등학교에 보낸다. 그 시기 학생들은 웬만하면 학교를 즐겁게 다니면서 모든 일을 흥미진진하고 재미있게 받아들인다. 이때 학습 이외의 나머지는 전부 뒷전이 된다.

인간은 2백만 년 동안 예측할 수 없는 환경의 변화에 능수능란하게 적응한 유일한 종이다. 그리고 그 2백만 년 동안 인간의 두뇌 용량은 두 배 가까이 증가했다. 인간의 두뇌는 황당할 만큼, 불필요해 보일 만큼 크다. 그렇게 큰 두뇌를 만들고 유지하기 위해서는 엄청난 양의 에너지가 필요하다. 그 큰 두뇌가 처리하는 어마어마한 양의 정보는 먹고살기 위한 기술을 배우고 끝없이 복잡한 인간관계를 요리해 나가는 데 절실히 필요하다. 그 두뇌를 쓰는 연습의 기본이 바로 아동기에 이루어진다.

　열두 살이 되면 사랑니를 제외한 모든 영구치가 나온다. 어린이는 청소년이 된다. 초등학교를 졸업하고 중학생이 되는 때다. 이제 그동안 거의 멈추었던 성장이 재개된다. 사춘기를 거쳐 본격적으로 어른이 되는 12세부터 18세까지의 6년 동안 2차 성장이 나타나면서 성장 속도가 다시 급격히 빨라진다. 사랑니가 나기 시작하는 평균 18세, 인간은 비로소 어른이 되고 신체의 성장이 완성된다. 청소년기가 시작되면 어린이 시절처럼 한가하게 학습할 겨를이 없다. 그럴 마음도 들지 않는다. 학습보다 더 중요한 일이 최우선 과제로 부상하기 때문이다. 짝짓기와 번식을 위한 준비 단계에 들어가는 것이다. 이때부터는 '배우는 재미'에 온 정신을 쏟기가 어렵다. 온 정신을 쏟을 다른 일이 눈앞에 닥쳐오기 때문에.

　이따금 성조숙증에 대한 언론 보도를 접한다. 일곱 살에 가슴

몽우리가 생기고 월경을 시작하는 여자아이들, 이 아이들과 부모들의 염려는 한결같다. "더 이상 키가 크지 않을까 걱정이에요." 하지만 성급히 어른이 되려는 아이들 소식에 나는 더 크지 않을 키보다 훌쩍 건너뛰어 버릴 그 아이들의 학습 시기가 더 걱정된다. 그러잖아도 지난 코비드 19의 여파로 학습의 시기에 다른 사람들과 함께 지내는 법을 연습할 기회를 놓친 아이들이 염려되던 차였다. 중요한 어린 시절에 학습 시기를 놓치면 만회하기 힘들다. 이미 놓쳤다면 손 놓고 있을 것이 아니라 만회하려는 노력이라도 해야 한다. 부디 우리 사회가 아이들에게 두루 관심을 기울여 뒤늦게나마 학습의 기회를 충분히 마련해 주기를 바란다.

시간과 싸우기

평생을 바쁘게 살아왔다고 자부하지만 시간과 싸우고 있다는 생각은 한 적이 별로 없는 것 같다. 산더미처럼 쌓인 할 일에 치이면서도 내가 할 일을 하면 된다고 믿었다. 시간이 부족하면 좀 덜 자고, 그래도 모자라면 안 자면 되었다. 적어도 엄마가 되기 전까지는.

그런데 출산한 후로는 시간과 싸운다는 감각을 분명히 알게 되었다. 아기가 태어난 직후부터 정신없는 나날이 이어졌다. 아기가 꼼짝없이 누워만 있는데도 눈코 뜰 새 없이 바빴다. 시간마다 먹이고 재우고 기저귀를 갈다 보면 양치할 시간도 없었다. 아기가 자라서 걷고 뛰어다니기 시작하니 나는 더 바빠졌다. 아기의 행동반경이 커지면서, 아기의 수면시간이 줄어들면서, 하루에 두 번씩

낮잠을 자고도 밤에 열두 시간씩 자던 아기가 똘망똘망 돌아다니는 시간이 늘어나면서 내 하루의 주인공은 몇 년 동안 계속 아기였다.

그때 평생 처음으로 내 시간 대부분을 다른 존재가 쓰는 경험을 했다. 엄마가 되기 전의 바쁜 생활은 온전히 내가 벌인 일들의 결과였다. 그러니 죽도록 바빠도 탓할 사람이 나밖에 없었다. 맡은 일을 해내지 못하면 그 대가는 내가 치렀다. 그러나 엄마가 되고 나서의 바쁜 생활은 온전히 아기가 벌인 일들의 결과였다. 내가 엄마의 일을 해내지 못하면 그 대가를 아기가 치르게 된다고 생각했다. 그래서 아기에게 내 시간의 우선 사용권을 주었다. 아기가 무탈한 일상을 지속하는 데 시간을 쓴 다음에야 남는 자투리를 모아 겨우 내 시간을 만들 수 있었다. 그렇게 나는 시간과 싸우기 시작했다.

출산휴가를 3개월 받았지만, 산후 휴직 기간이 끝난다고 아기의 시간이 끝나는 것은 아니었다. 나는 3개월 후에도 아기의 시간과 계속되는 싸움 끝에 겨우 짜낸 시간으로 수업을 하고 논문을 썼다.

그렇게 6년이 지났다. 아기가 유치원에 들어가고 방과 후 프로그램에 참여할 수 있게 되면서 드디어 시간과의 싸움이 끝나나 싶었다. 그때 학과장 임명 소식이 들려왔다. 그동안 내 시간을 차지했던 딸아이의 자리를 학과 업무가 대신하기 시작했다. 또다시 내가 아닌 다른 존재가 내 시간을 쥐고 흔드는 매일이 이어졌다.

도무지 시간과의 싸움이 끝나지 않았다.

하루 벌어 하루 살듯이 매일 해야 할 일들만 가까스로 해치웠다. 자잘한 일들이 매일같이 쏟아졌고 탁구대처럼 공을 넘기면 곧바로 다시 공이 날아들었다. 내가 하기로 결정한 일, 내가 벌인 일이 아니라 학과장으로서 해야 할 일들이었다. 그 일들을 하고 나면 에너지가 방전되어 더 이상 아무것도 할 수 없었다. 무슨 일을 하고 있는지도 모른 채로 시간이 흘렀다. 나는 자꾸만 달아나는 시간을 다시 내 것으로 만들기 위해 안간힘을 썼다. 그렇게 하루가, 1년이 지났다. 손가락 사이로 빠져나가는 모래처럼 시간은 덧없이 흘렀다.

나이가 들수록 시간의 속도는 빨라진다. 한 시간이, 하루가, 1년이, 10년이 점차 빠르게 지나리라는 건 예상했던 바다. 한 살짜리 아기에게 1년은 평생이지만 열 살짜리에게는 인생의 10퍼센트에 불과하다. 스물다섯 살에게는 1/25, 즉 4퍼센트, 쉰 살에게는 2퍼센트의 세월이다. 시간은 누구에게나 그렇게 상대적으로 점차 빨라진다.

나이가 들면 시간이 빨리 흐르는 또 하나의 이유는 새로운 경험의 부재다. 우리는 시간의 흐름을 새로운 경험으로 인지하는 경향이 있다. 우리의 기억은 새로운 경험에 편중된다. 새로운 것을 경험하고 느끼면 기억 속에 새겨지는 것이다. 어릴 적에는 모든 것이 새롭기에 경험하는 모든 일을 촘촘히 기억하게 된다. 그러다 점차 기억할 만한 새로운 경험이 줄어들고 기억의 다음 매듭이 만들어지기까지의 주기가 길어진다. 시간이 더 지난 후에는 매듭만 기억하기 때문에 각 매듭 사이에 시간이 얼마나 흘렀는지는 기억하지 못한다. 그렇게 세월의 속도가 빨라진다.

아무리 그래도 이건 아니지 싶었다. 기어코 시간과의 싸움에서 이겨 시간을 짜내고 싶었다. 그때 우연히 《168시간 일주일 사용법》을 읽고 시간을 이해하는 일의 중요성을 깨달았다. 체중을 감량하려면 내가 언제 무엇을 얼마나 먹는지 정확하게 기록하는 것부터 시작해야 한다. 재정을 잘 관리하려면 지금 돈을 어디에 얼마나 쓰는지를 정확하게 기록해야 한다. 마찬가지로 시간과 싸워서 이기려면, 시간을 얻어내려면, 내가 시간을 어떻게 쓰고 있는지를 먼저 알아야 했다.

나는 시간 사용 기록을 차곡차곡 꼼꼼하게 적어 나갔다. 아무에게도 보여주지 않으리라는 생각으로 솔직하게 기록했다. 그렇게 모은 일주일, 나의 168시간 기록은 놀라웠다. 내게 중요한 일, 업무상 해야 하는 일, 소중한 일보다는 무의미한 잡무에 많은 시간을 쏟고 있었다. 하지만 내가 하지 않아도 되는 잡무는 없었다. 기나긴 리스트에서 하지 않아도 될 일, 없애서 시간을 짜낼 수 있는 일은 없었다. 전부 내가 해야 할 일이었다. 나는 결국 목록에서 무엇도 지울 수 없다면 각 일들에 시간을 조금이라도 덜 들이는 방법을 택하기로 했다.

　먼저 습관의 힘을 빌렸다. 습관은 시간을 짜낼 수 있는 지름길이다. 무슨 일이든 머리를 거치면 일단 시간이 든다. 기억해서 생각한 다음 행동으로 옮기기보다 머리를 거치지 않고 행동으로 직행하는 쪽이 훨씬 빠르다. 기억으로 할 일을 습관화해서 시간을 모으면 효율성을 높일 수 있다. 매일 똑같은 생활, 똑같은 루틴으로 뇌와 시간을 아껴두면 좀 더 재미난 일 혹은 중요한 일에 두 자원을 쓸 수 있다.

　습관화는 그래서 중요하다. 무언가 선택해야 하는 과정을 거치지 않고 자동으로 움직이도록 몸을 길들이면 쓸데없는 일에 시간과 뇌를 낭비하지 않을 수 있다. 나는 매일의 일과를 기록한 끝에 내게 가장 적합한 루틴을 만들어냈다. '무엇을 할지' 고민하는 시간을 최소한으로 줄였다. 무엇을 먹을지, 무엇을 입을지 같은 선택들. 그제야 검은색 터틀넥과 청바지만을 고집한 스티브 잡스가 이해되었다. 하지만 잡스는 그래도 되는 권력을 가진 사람이었고, 나는 아니었다. 매일 똑같은 청바지를 입고 학교에 가면 내 목소리가 지워질 것은 뻔했다. 한 번 지시로 끝날 일이 두세 번의 지시로도 순탄하게 정리되지 않으리라는 걸 직감적으로 알 수 있었다. 그러면 결국 시간을 벌기보다 더 축내게 되겠지. 대신 나는 일주일 동안 바꿔 입을 옷을 세트로 정리하고 삼시 세끼는 다양한 영양분을 섭취할 수 있는 메뉴로 매일 같은 곳에서 먹었다.

그때부터 나는 매일의 시간별 일과를 기록으로 계속 남기고 있다. 이 작업을 통해 얻은 가장 큰 결실은 나 자신을 잘 알게 되었다는 것이다. 이제는 어떤 일을 닳으면 그 일에 시간이 얼마나 걸릴지, 그래서 얼마짜리 가치가 있는 일인지 바로 견적이 잡힌다. 그 계산은 대체로 틀리는 법이 없어서, 그에 맞춰 시간을 배분하면 예상대로 일을 마무리할 수 있다.

결국 시간과 싸워 이기기 위해서는 나를 잘 알아야 했다.

나는 이제 시간과 새로운 관계를 맺기 시작했다. 모든 시간을 내 멋대로 썼던 청년기, 열중하는 일에 무조건 많은 시간을 들이기를 목표로 했던 20, 30대, 내게 쏟아지는 수많은 할 일과 요구 속에서 내 시간을 만들어내기 위해 시간을 최대한 효율적으로 사용하고자 했던 40, 50대를 전부 지나 보냈다. 치열했던 세월이다. 지금은 시간과 싸우기를 그만두었다.

무엇을 먹을지 고민하는 시간이 아깝고, 밥을 먹는 시간이 아까워 한 손에 책을 들고 밥을 먹던 시절은 옛날이 되었다. 식사시간에는 오로지 밥에만 집중한다. 입에 넣은 음식 열 번 씹기를 목표로 한다(의사의 권고는 스무 번이었지만 그건 절대 불가능하다).

산책 따위는 시간 낭비라고 생각해 운동의 효과를 정확히 따질 수 있는 유산소운동과 근력운동에만 매달렸던 것도 과거의 일이다. 이제는 강아지와 하루 두 번 천천히 산책을 한다. 예전 같았다면 산책을 하면서도 시간이 아까워 다른 일을 손에서 놓지 못했을 테다. 이제는 그렇지 않다. 오로지 걷기에 집중하면서 옆에서 함께 걷는 강아지와 이따금 눈을 맞추고, 걸음을 맞춘다. 호흡에 집중하며 길가에 피고 지는 꽃과 풀을 본다. 생각을 비우고 걸으면서, 들숨과 날숨만 생각할 수 있는 이 시간에 감사하면서. 풍경이 예뻐도 허겁지겁 핸드폰을 꺼내 들지 않는다. 지금은 온전히 숨 쉬면서 걷는 시간이므로.

    시간과 싸우던 시기에는 시간을 조금이라도 더 내 쪽으로 뺏어오려고 안간힘을 썼다. 지금은 시간이 내 것이 될 수 없음을 알기에 싸우지도 뺏지도 않는다. 나는 비로소 시간과 함께 걷고 있다.

지천명의 첼로

첼로를 배우기 시작했다.

나는 어릴 적부터 피아노를 쳤다. 고등학교 입시생 시절에는 음악대학에 진학하기 위해 매일 몇 시간씩 연습하기도 했다. 그런데 학력고사를 치르고 실기 시험을 준비해야 하는 시기에 슬럼프가 찾아왔다. 나는 슬럼프를 견디지 못하고 결국 음대 진학을 포기했다. 지금은 담담하게 이야기하지만 당시에는 하늘이 무너지는 것 같은 큰 좌절이었다.

지금 생각해 보면 그만큼 간절하지는 않았던 모양이라고밖에 말할 수 없다. 어쨌거나 슬럼프는 이따금 찾아오는 손님이었고, 나는 그때마다 고비를 잘 넘겼다. 하지만 학력고사 이후에 찾아온 슬럼프는 이겨내야겠다는 각오가 좀처럼 서질 않았다. 시험 성적만으로 편하게 대학에 진학할 길이 생기자 안일한 마음이 들었지 싶다. 나는 그동안의 노력을 뒤로하고 일반 대학교로 진로를 돌렸다. 넉넉지 못한 집안 형편에 처음에는 반대를 하다 끝내 내 고집을 꺾지 못하고 음대 입시 뒷바라지를 해주셨던 부모님께도 당연히 꾸중을 들었다. 끝이 코앞인데 이제 와서 포기하겠다니 부모님도 기가 막혔을 것이다. 그렇지만 자식 이기는 부모는 없다.

피아니스트의 꿈은 접었지만 대학교에서도 대학원에서도 피아노를 완전히 그만두지는 않았다. 오히려 실내악을 새로 배우면서 훨씬 더 풍부한 음악 생활을 하게 되었다. 그러자 현악기를 배우고 싶었던 어린 시절의 열망이 스멀스멀 되살아나기 시작했다. 매일같이 피아노를 치던 시절에도 내게는 현악기를 향한 갈망이 있었다. 활로 그어서 내는 소리는 피아노의 건반을 아무리 달래도 절대 낼 수 없는 소리였다. 영혼에서 나오는 소리였다.

현악기 연주가 노랫소리와 비슷하게 들리는 건 레가토와 비브라토 때문이리라. 레가토는 음이 끊어지지 않도록, 이어지게 연주하라는 지시다. 노래를 부를 때, 숨을 멈추지 않고 계속 내쉬면서 노래를 이어가면 멜로디가 자연스럽게 흐르는 레가토가 된다. 악기 연주자에게도 레가토는 기본이다. 플루트나 색소폰 같은 관악기를 연주할 때 숨을 멈추지 않고 계속 내쉬면서 음을 바꾸면 레가토가 된다. 현악기에서는 활을 바꾸지 않고 계속 그으면서 음을 바꾸면 레가토가 된다. 피아노에서는 완전한 레가토가 불가능하다. 피아노는 한번 건반을 누르면 그때 나는 소리로 끝이다. 현을 긋는 것이 아니라 망치(해머)로 두드려서 소리를 내는 피아노의 음은 끊어질 수밖에 없다. 그런데도 피아노 악보에는 레가토가 수없이 등장한다. 피아노에서 레가토는 눈속임, 마술이다. 피아노 연주자에게 레가토는 근본적으로 불가능함을 인정하고 레가토인 듯, 레가토의 느낌을 전달하는 것이 목표다. 내가 현악기에 레가토만큼 기대한 음색은 줄을 흔들어 음에 색을 입히는 비브라토였다. 비브라토 역시 각 건반의 음이 정해진 피아노에서는 적용이 불가능한 기교다.

실내악으로 실컷 피아노를 연주한 나는 이제 할 만큼 했다고 느꼈다. 한계까지 연주한 피아노를 그만 끝내고 그동안 동경해 온 현악기를 배워야겠다고 생각했다. 어린 시절 동경의 대상이었던 바이올린이 아닌, 어쩐지 어른의 악기 같은 첼로를 연주하고 싶었다. 하지만 그만큼 망설임도 컸다. 악기 연주가 어떤 일인지 너무나 잘 알았기 때문이다. 대학교수 일을 하면서 매일 시간을 쪼개 연습할 수 있을까? 악기 연주는 체력이고 정신력인데, 눈에 띄게 둔해진 몸과 머리로 지금부터 악기를 새로 배워서 그럴듯한 수준까지 나아갈 수 있을까? 악기, 악보, 레슨비 등을 충당할 재정적 여유를 유지할 수 있을까? 무엇보다 두려웠던 것은 연습을 아무리 해도 도달할 수 없는 지점이 있다는 사실이었다. 타고난 몸과 재능의 한계가 분명히 존재한다는 사실을 누구보다 잘 알았기 때문이다.

　그렇게 주저하면서 얼마간의 시간을 보내다 2년 전 어느 날 문득 미리 알아둔 첼로 선생님에게 무작정 이메일을 보냈다. 생각만 하다가는 죽을 때까지 아무것도 할 수 없다. 일단 화살을 던졌다. 50대도 거의 끝나가는데, 예순이 되기 전에 시작하고 싶었다. 한 살이라도 젊을 때 말이다. 선생님에게 간단히 내 소개를 하고 완전 초보인 나를 학생으로 받아줄 수 있는지 물었다. 선생님은 흔쾌히 승낙하며 첫 레슨 날짜를 잡았다.

　레슨 날짜를 잡고 나니 아차 싶었다. 가장 중요한 첼로가 없었다. 급한 대로 근처 악기점에서 첼로를 빌렸다. 오래 영업해 온 악기점 주인은 두세 개의 첼로를 보여주면서 소리를 내보고 가장 마음에 드는 것을 고르라고 했다. 그때까지 첼로를 만져본 적도 없는 나였다. 소리를 내보라니. 활을 어떻게 잡는지도 모르는데. 나는 그냥 적당한 가격대의 첼로를 골랐다. 첼로는 생각보다 엄청나게 컸다. 신줏단지 모시듯 조심조심 트렁크에 넣었다.

　집에 돌아와 케이스에 담긴 첼로를 꺼내는데 어디 한 군데라도 부딪히거나 떨어트릴까 봐 심장과 손이 동시에 떨렸다. 유튜브에서 동영상을 찾아보면서 조금씩 소리를 내보았다. 왼손으로 첼로를 잡고, 오른손으로 활을 쥔 다음 조심스럽게 그었다. 그럴듯한 음이 나왔다. 어쩌면 내가 첼로 천재일지도 모른다는 얼토당토않은 생각에 잠시 빠졌다. 재클린 듀프레이, 장한나, 요요마, 므스티슬라프 로스트로포비치… 첼로 거장들의 연주 동영상을 하염없이 구경하며 곧 나도 저렇게 연주하게 되리라는 꿈에 부풀었다.

레슨을 시작한 뒤로는 매일같이 연습에 매진했다. 하지만 난 생처음 첼로를 만지고, 활을 그어 만들어낸 소리로 감동을 받은 것은 그 첫날뿐이었다. 본격적으로 연습을 시작하니 한심한 소리만 찌그러져 나왔다.

악보 읽기는 쉬웠다. 오히려 그게 문제였다. 악보를 보면 이 곡이 어떤 곡인지, 어떤 소리가 어떻게 나야 하는지 금방 파악이 되는데, 나의 첼로 실력으로 낼 수 있는 소리는 악보를 따라 머릿속에 펼쳐지는 소리와 천지 차이가 났다.

첼로 천재는 개뿔.

물론 첼로 천재만 첼로를 배우라는 법은 없다. 나는 이제 첼로를 통해 엉뚱한 경험을 하고 있다. 평생을 뭐든지 금방 배워서 금방 잘하게 되는 삶을 살았다. 좋아하는 일은 당연히 잘했지만, 싫어하는 일도 곧잘 하는 편이었다. 어릴 때는, 젊은 시절에는, 잘하지 못하는 일을 하는 것 자체를 시간 낭비라고 생각했다. 뭐든지 하려면 잘해야 한다고, 1등까지는 아니어도 우수해야 한다고 생각했다.

그러니 앞으로 첼로를 계속해도 그다지 나아지지 않는다면 내게 꽤 드문 일이 될 것이다. 심지어 좋아하는 일인데, 열심히 해도 나아지지 않는다면 이건 일생에 단 한 번 있을 일일지도 모른다. 오히려 그래서 계속해 보기로 결심했다. 아무리 연습해도 욕심만큼 잘 안 되는데 즐겁게 계속하는 일이 있다면 그것 또한 그대로 좋겠다는 생각이 들었다. 사실 '내가' 하는데 진짜로 못 할까 싶은 건방진 마음이 아주 없지는 않다. 단지 단기간에 속성으로 잘하게 되지는 못하겠지.

나는 '빨리 잘하기' 대신 천천히 '1만 시간 연습하기'라는 목표를 세웠다. 숙련된 기술을 내 것으로 만들기 위해서는 1만 시간의 연습이 필요하다고 한다. 말콤 글래드웰이 남긴 말이라고 하는데, 사실인지는 모르겠다. 여하튼 그 1만 시간 연습을 기준으로, 1만 시간을 채우기 전까지는 잘하느니 못하느니 하는 평가는 미뤄두기로 했다.

죽이 되든 밥이 되든 첼로 연습하는 모습을 주기적으로 SNS에 업로드하고 있다. 아직은 '빨리 잘하기'를 포기하기가 쉽지 않다. 내 첼로 연습 영상에 누군가가 남긴 "소리가 아무래도 영 안 좋네요"라는 댓글에 속절없이 마음이 상했다.

첼로 연습 시간을 기록하면서 매일의 일상을 채운다. 첼로를 배우기 시작한 지 20개월이 되었다. 기록을 보니 그동안 800시간을 연습했다. 1만 시간을 채우려면 앞으로 9,200시간을 더 연습해야 한다. 20개월 동안 800시간을 연습한 추세를 유지한다면 1만 시간을 연습하는 데 250개월이 걸린다. 이제 230개월 남았다. 거의 20년이다. 그때까지 몸과 정신을 잘 보듬어 지키려고 한다. 물론 사람 일은 한 치 앞도 알 수 없는 법이므로 내일 일은 내일, 230개월 후의 일은 230개월 후에 생각하자. 오늘은 오늘의 연습에 집중하면서.

쫑쫑이와 코다

　초등학생 시절, 매년 여름방학이 되면 시골 외가댁을 찾았다. 외가댁이라고는 하지만 정확히는 외가댁 선산이었다. 선산에 딸린 집에는 쫑쫑이라는 이름의 개가 한 마리 있었다.
　요즘은 개에게 개성 넘치는 이름을 지어주고는 하지만 내가 어릴 적에는 개에게 각양각색 이름을 붙이는 문화가 없었다. 그저 바둑이, 쫑이, 메리 정도가 개를 부르는 호칭이자 이름이었다. 외가댁의 쫑쫑이는 말하자면 쫑이의 변형된 이름이었다. 추측하건대 쫑이와 메리는 영미권에서 사람 이름으로 흔히 쓰이는 존과 메리에서 왔을 것이다. 그런데 재미있게도 미국에서는 존과 메리 같은 이름을 개의 이름으로는 사용하지 않는다. 그 밖에 피터, 폴, 마크, 루터 등의 이름도 개의 이름으로는 여간해서 쓰지 않는다. 이 이름들은 모두 기독교 성경에 등장한다는 공통점이 있다. 영어 사용권에서는 절대 개에게 쓰지 않는 이름을 골라 굳이 개에게 붙여준 우리 조상님들에게는 어떤 사정이 있었던 걸까? 위풍당당한 정복자들의 이름을 개에게 붙이면서 은밀한 우월감이라도 느꼈던 걸까?

내 기억 속 쫑쫑이는 항상 묶여 있었다. 밥은 사람이 먹고 남긴 잔반을 물에 씻어서 양푼에 담아주었다. 나는 가끔 마당으로 나가 쫑쫑이를 쓰다듬곤 했지만 친해지거나 함께 놀지는 못했다. 쫑쫑이는 공격적이지 않았지만 사람을 그다지 따르지도 않았다. 우리는 서로를 소 닭 보듯 하며 지냈다.

쫑쫑이에게는 나와 놀아줄 의무도, 내게 잘 보일 의무도 없었다. 쫑쫑이는 맡은 일이 있었다. 쫑쫑이는 집 지키는 개였다. 값나가는 세간이 많지 않은 시골집에 도둑이 들 리는 없었지만, 밭에서 수확한 채소와 매일 달걀을 낳는 닭들이 사는 닭장을 지킬 파수꾼이 필요했다. 당시 쫑쫑이뿐 아니라 대부분의 개에게는 해야 할 일이 있었다. '애완견'이라고 불리는 소수의 개만이 사람의 무릎 위에서 한가롭게 놀 수 있었다. 대다수의 개는 사람을 도와서 사냥을 하거나, 가축을 몰거나, 썰매를 끌거나, 집과 재산을 지켰다. 사람에게 쓸모 있는 특성만 남도록 늑대를 교배시킨 결과, 개는 무리 내의 존재에게는 친화력을 보이지만 외부의 적에게는 경계심과 공격성을 드러내는 동물이 되었고, 덕분에 양 떼를 몰거나, 특정 목표를 사냥하거나, 집과 재산을 지키는 데 최적의 능력을 갖추게 되었다. 이 능력은 점차 양 떼가 없어도, 목장과 농장이 아니어도 집을 지키고 다람쥐가 정원을 망치지 않도록 하는 능력으로 발달한다.

어느 해인가 여느 때처럼 여름방학을 맞아 찾은 외가댁에는 더 이상 쫑쫑이가 없었다. 선산에서 일하던 인부들이 잡아갔을 거라고 했다. 그다지 슬프지는 않았다. 중학교 입학을 앞두고 있던 나는 이제 여름마다 외가댁을 찾는 일도 더 이상 없으리란 것을 알고 있었다.

하루 종일 묶여 있던 쫑쫑이는 밥을 먹으면서 늑대의 꿈을 꾸었을까. 개와 늑대는 종 분화가 완전히 이루어지지 않은 상태다. 아직도 늑대와 개를 교배시킬 수 있다는 이야기다. 개의 유전자를 분석한 결과 늑대에게서 개가 발생한 시점이 3만여 년 전이라는 사실이 밝혀졌다. 3만 년 전이면 호모사피엔스 시절이다. 인류학자 팻 시프먼Pat Shipman은 저서 《침입종 인간》에서 호모사피엔스와 늑대가 연대해 네안데르탈인을 이겨낸 이야기를 펼친다. 늑대는 호모사피엔스와 연대한 끝에 개가 되어 먹을거리를 구하느라 힘들게 야생에 살지 않아도 되었으며, 인간은 개라는 늑대와 연대를 맺음으로써 천하무적의 포식자였던 네안데르탈인과의 경쟁에서 이길 수 있었다는 주장이다. 말하자면 늑대의 가축화는 늑대와 인간 모두에게 윈-윈이었다는 뜻이다. 척박한 빙하기 환경에서 늑대는 개가 되어 사람에게서 먹을 것과 쉴 곳을 보장받고, 사람은 사냥 파트너를 얻었다. 현재도 개는 다른 가축과 달리 사람에게 특별한 존재다. 맡은 임무를 넘어 이제는 거의 인생의 동반자가 되어 심리적인 교감을 나누는 관계가 되었다.

늑대인 개는 사람과 함께하는 삶을 택하면서 새롭게 태어났다. 주인을 자신의 무리로 인식하면서 무리에 속하지 않는 사람이나 동물에게는 경계심을 드러내고 여차하면 공격할 태세다. 동시에 같은 무리에 속한 사람과는 소통하는 법을 배웠다. 개는 사람이 손가락으로 무언가를 가리킬 때 손가락을 보지 않고 그 대상을 보면서 사람의 의도를 파악하는 유일한 동물이다. 무리의 우두머리에게 보였던 순종을 사람에게로 향하게 되어 귀를 낮추고 배를 보이는 강아지의 행동을 성체가 되어서도 한다. 이렇게 개는 사람의 동반자, 반려동물로 탄생했다. 그 결과 개는 1만 년도 더 전부터 죽으면 사람과 함께 땅에 묻히는 특별한 지위를 얻게 되었다.

개는 인간이 어떤 삶을 살더라도 그 곁을 지키며 급변하는 환경에 적응해 왔다. 여기에는 대도시에서의 삶도 물론 포함된다. 그래서 우리 집 개 코다는 과거 외가댁의 쫑쫑이와 완전히 다른 삶을 산다. 하루 종일 홀로 남아 집과 재산을 지키던 쫑쫑이와 달리 코다는 아무것도 지키지 않아도 된다. 오히려 코다가 재산에 가깝고, 우리 인간에게는 코다를 지킬 의무가 있다. 코다가 혼자 지내는 시간이 길어지지 않도록 우리는 최선을 다한다. 외부인에게 경계심을 드러내며 사납게 짖어 침입자를 몰아냈던 쫑쫑이와 달리 코다는 매일 산책에서 만나는 수많은 사람과 개를 향해 짖지 않고 차분히 인사하도록 훈련받는다.

 로스앤젤레스라는 대도시에서 사는 코다는 집 밖에 나갈 때마다 온갖 소음과 냄새에 노출된다. 수많은 사람과 동물이 코다 옆을 스쳐 간다. 그럴 때마다 얌전히 길옆으로 몸을 피해 서로 문제없이 양방향으로 통행할 수 있도록 하는 훈련도 받는다. 이때 개가 짖으면 개 교육을 제대로 못 한 주인이라는 눈총을 받는다. 애견 동반이 가능한 식당에서는 테이블 아래에 배를 깔고 가만히 있는 방법을 연습한다. 코다는 양 떼를 모는 목양견 종이지만 우리 집에서 해야 할 일은 책상이나 탁자 밑에 가만히 앉아 있기다. 이따금 집에 오는 사람들, 길에서 만나는 사람들, 다른 개와 고양이에게도 가벼운 묵례만 허용된다. 짖거나 덤벼들지 않도록 열심히 훈련받는다. 코다의 밥 또한 사람이 먹고 남긴 잔반이 아니라 별도의 식재료로 따로 만든다. 단백질을 중심으로 동물성 기름에서 약간의 지방을, 과일과 채소에서 약간의 탄수화물을 곁들이도록 한다. 아침저녁으로 하루에 두 번 산책을 하고, 하루에 두어 번 15분가량 뛰어놀고, 명령어 훈련을 한다. 매일 밤 양치질과 빗질을 받고 충분히 잔다. 집에 혼자 있는 시간은 서너 시간을 넘지 않으며 더 긴 시간 혼자 지내야 할 때는 돌봄소에 맡긴다. 믄을 앞에 두고는 내게 허락의 OK 사인을 받은 후에 문지방을 넘는다. 대문이든 가게 문이든 차 문이든 마찬가지다.

코다는 점점 강아지에서 개가 되어간다. 1~2년 뒤에는 완전한 성견의 모습으로 탈바꿈할 것이다. 인간은 본능적으로 귀여움에 반응하도록 진화했다. 눈이 크고 팔다리가 작고 짧으며 털이 복슬복슬한 외형은 개뿐 아니라 모든 동물의 새끼에게 나타나는 특징이다. 인간 아기에게서도 비슷한 특징을 찾을 수 있다. 이런 특징은 성체가 되면서 점차 사라진다. 눈의 크기는 거의 동일하지만 얼굴의 다른 부분이 커지고, 팔다리가 길어진다. 솜털 대신 굵은 털이 난다. 신나게 뛰어노는 대신 서열을 가리고 짝짓기에 관심을 보이기 시작한다. 그러나 인간은 강아지의 특성을 평생 잃지 않는 개를 키워낸다. 권위에 순종하고 애교를 부리며 호기심 가득한 눈빛으로 놀기 좋아하는 특성은 성견이 된 후에도 유지된다.

미래의 일을 확언할 수는 없지만 코다는 죽음 역시 쫑쫑이와는 매우 다르게 맞을 것이다. 사랑하는 가족들이 모인 자리에서 편히 가기를, 마지막까지 사랑을 담아 인사 나눌 수 있기를 바란다.

우정은 세상을 움직인다

"선배 그 사람 좋아해요?"

학창 시절 내 단짝 친구는 남자였다. 우리는 매일 붙어 다녔다. 학년이 올라가면서 그를 좋아하고 따르는 여자 후배들이 많이 생겼다. 그들은 우리의 관계를 궁금해했다. 내게 다짜고짜 그를 좋아하는지 묻기도 했다. 나는 같은 대답을 되풀이했다. "우리는 그냥 친구야." 내게 우정과 사랑은 뚜렷하게 다른 개념이었다. 사랑에는 설렘이 있었고, 우정에는 없었다. 내가 그 친구에게 느끼는 감정은 우정이 분명했다.

그러나 다른 이들은 친구라는 우리의 말을 곧이곧대로 믿지 않았다. 남녀 사이에 우정은 불가능하다고들 했다. 남자와 여자가 같이 지내다 보면 연애 감정이 싹틀 수밖에 없기 때문에 이른바

'남사친' '여사친' 따위는 존재할 수 없다는 논리였다. 글쎄, 진화론에 따르면 그럴지도 모른다.

내가 학교에서 배운 진화론의 핵심은 적자생존이었다. 유익한 특징을 가진 개체는 그 특징을 갖지 않은 개체보다 조금이라도 더 많은 자손을 남긴다. 시간이 흐름에 따라 그 특징을 가진 개체의 수가 점점 많아지면서 결국 종의 특징이 된다. 여기서 유익한 특징이란 삶이라는 투쟁과 경쟁 속에서 남을 제압하고 내가 앞서도록 하는 특성을 말한다. 적자생존은 그 과정이자 결과였다.

유한한 자원을 두고 살아남기 위한 처절한 투쟁 속에 서로 경쟁하면서 누군가는 도태되고 누군가는 선택되는 과정으로 진화가 이루어진다는 생각은 제국주의의 팽창, 양차 세계대전을 비롯한 무수한 전쟁, 세계 자본주의로의 편입과 신자유주의에서의 각자도생이라는 20세기 우리의 모습을 정당화하는 도구로 이용되었다. 덩치가 크고 힘이 셀수록 적자생존에 유리하다는 개념은 진화론의 기본 전제처럼 여겨졌다.

사회생물학의 등장으로 외형뿐 아니라 행동도 유전된다는 생각이 자리를 잡으면서 진화론은 생물학의 가장 큰 이론 틀이 되었을 뿐 아니라 이전에는 생물학 범주에 들지 않았던 행동까지도 생물학의 경계 안으로 들이는 역할을 했다. 생존을 위한 투쟁 속에 공격적이고 이기적인 행동이 선택된다는 생각은 '이기적 유전자'라는 이름으로 대중화되었다.

물론 적자생존과 진화는 오로지 수컷의 이야기였다. 암컷과 먹을거리를 차지하기 위해 서로를 물어뜯는 경쟁에서 이기는 쪽은 힘이 세고 덩치가 큰 수컷이었다. 협동은 공동의 적을 물리치고 암컷과 먹을거리를 더 많이 차지하기 위해 임시로 결성한 연대일 뿐이었다. 사랑의 설렘 또한 번식을 위한 성욕에 불과했다. 암컷과 수컷은 번식을 위한 짝짓기 가능성이 존재하는 관계일 수밖에 없고, 따라서 둘은 친구가 될 수 없다. 잠시 친구가 된다 할지라도 번식으로 가는 한 단계일 뿐이다. 그렇다면 남사친을 단짝 친구라 굳게 믿었던 나는 그저 대단한 착각을 했던 걸까?

우정과 사랑이 완전히 다른 개념이라는 내 생각은 틀렸다. 그렇다고 남녀 간의 우정이 사랑의 전 단계인 것도 아니다. 사랑은 차라리 우정의 한 형태인 것 같다. 21세기 들어 적자생존 환경에서는 서열 매기기를 위한 치열한 힘겨루기뿐 아니라 다정한 친구 관계도 유익할 수 있다는 사실이 여러 연구를 통해 밝혀졌다. 과거에는 그다지 관심을 받지 못했던 우정, 공감, 협동, 다정함 등이 연구 주제로 급부상했다.

우정이나 협동은 타인의 이익을 위해 자신의 이익을 포기하는 이타성이 없으면 성립되지 않는다. 그래서 이타성은 20세기 진화론에서 설명할 수 없는 수수께끼였다. 피를 나눈 관계인 친족은 전통적인 진화론의 관점으로 볼 때 이해관계가 들어맞는다. 나에게 이익이 되는 일은 내 유전자에도 이익이 되고, 그렇다면 나와 유전자를 나눈 친족에게도 이익이 된다. 나에게는 불이익이 될지라도 더 많은 친족에게 이익이 된다면 결국 내 유전자의 이익이 된다. 친족 간에 일어나는 이타성은 이렇듯 깔끔하게 설명된다. 과연 사람이 아닌 동물의 무리는 서로 이익을 함께하는 혈연으로 이루어진다. 침팬지의 경우, 수컷은 태어난 집단에 머물고 암컷, 즉 딸들은 떠난다. 그래서 침팬지 집단은 형제 관계인 수컷들로 구성된다.

그러나 인간은 혈연보다는 피를 섞지 않은 사람들과 접촉하고 유대 관계를 맺는 경우가 훨씬 더 많다. 우리는 혈연으로 묶이지 않은 친한 사람을 친구라 부른다. 유전자를 나눈 친족보다 친한 친구를 나와 더 가까운 사람으로 여기는 경우를 흔히 본다.

우리는 유불리를 따지는 이성만큼 감정어 따라서도 쉽게 움직인다. 우리는 그 관계가 언젠가 내게 이익이 되리라는 계산 때문이 아니라 상대가 웃고 기뻐하는 모습에 함께 기쁨을 느끼기 때문에 나의 이익을 어느 정도 포기하고서라도 타인과 함께하기를 택한다. 내가 좋아하는 사람, 나와 친한 사람이 기쁨을 느끼면 내게도 이른바 '행복 호르몬'이라고 하는 옥시토신 같은 신경호르몬이 작용해 상대와 같은 감정을 느끼게 된다.

이런 상호작용이 일어나기 위해서는 상대의 감정을 헤아리는 능력이 무엇보다 중요하다. 여기에 마음 이론Theory of Mind이 개입한다. 우리는 상대의 흰자위를 따라 그 눈길을 좇고, 손가락이 가리키는 곳을 함께 바라보면서 상대의 마음을 읽어낸다. 누군가 손가락으로 달을 가리키면 함께 달을 보는 능력, 다시 말해 상대의 의도를 파악하고 공감하는 능력이 있기에 우리는 타인을 이해할 수 있다. 친구의 마음을 헤아리는 동시에 눈앞의 내 이익을 포기하고 상대를 위하려면 자제력과 감정 조절 능력도 필요하다. 우리는 자신의 이익과 감정을 후순위로 미루는 판단 역시 이성적인 계산에 따르기보다 기뻐하는 상대를 보기 위해 즉각적으로 해낸다.

공격성과 마찬가지로 우정 역시 대체로 두뇌에서 관장한다. 인간의 고유한 특성인 월등히 큰 뇌의 가장 주된 기능이 인간관계에 필요한 정보를 처리하고 호르몬을 분비하는 것이라는 사회적 두뇌 이론은 꽤 설득력 있게 들린다. 인간은 유전자의 이익을 나누는 친족뿐 아니라 혈연으로 연결되지 않은 존재까지 친구로 포용해 우정을 유지하는 종으로 진화했다.

올해 우리 집의 새로운 일원이 된 개와 시간을 보내며 나는 종을 넘어선 우정을 실감하고 있다. 개와 친해지면서 개의 마음을 읽을 수 있게 되었고(먹을 것을 향한 일편단심이라 어렵지 않다) 개는 나를 기쁘게 한다. 이 행복감 또한 신경호르몬인 옥시토신이 분비된 결과이리라.

내가 새로 놀란 지점은 개 역시 내 마음을 읽고 나를 바라보면서 행복감을 느낀다는 사실이다. 내가 손가락으로 가리키는 방향을 보고, 내 의도를 헤아릴 줄 안다. 나를 기쁘게 하기 위해 ('기다려' 등의 명령어를 통해) 자제력을 발휘할 줄도 안다. 개에게도 마음 이론을 적용할 수 있어서 사람의 의도를 헤아리는 능력이 있다는 사실이 21세기 들어 여러 연구를 통해 밝혀졌다. 나아가 개뿐 아니라 다양한 반려동물이 사람과 교감한다는 사실 또한 속속들이 증명되고 있다.

　　동물 역시 옥시토신의 작용을 받고, 혈연과만 관계를 맺는 것이 아니라 비혈연 상대와도 지속적인 관계를 쌓으며 행복감을 주고받는 옥시토신 상호작용을 한다. 동물끼리도 우정을 나눈다는 뜻이다. 앞서 말했듯 침팬지는 형제 관계인 수컷들과 집단을 이루지만 보노보 침팬지는 혈연이 아닌 암컷들을 중심으로 집단을 이룬다. 보노보 집단은 침팬지 집단보다 훨씬 더 평화롭고 조직적이다.

　　우정은 사람 사이뿐 아니라 동물들 사이에도, 동물과 사람 사이에도 존재한다. 다정한 우정은 세상을 움직인다.

페르세폴리스의 기억

동네 서점에서 책을 구경하다가 《페르세폴리스》라는 제목의 반가운 책을 발견했다. 페르세폴리스는 이란의 옛 수도로, 우리나라로 치면 경주쯤 된다. 나는 중학생 시절 이란에 살았다. 그때 페르세폴리스에 갔던 기억이 있다. 《페르세폴리스》는 그래픽노블, 그러니까 만화책이다. 책의 첫 장에 등장하는 까만 차도르를 쓴 여자를 보자마자 나는 중학생 시절로 돌아간 듯한 아득함을 느꼈다. 이란이라는 나라에 대한 내 기억도 까만 차도르로 시작된다. 이란에 도착해 눈을 뜬 첫날 아침, 호텔 커튼을 열자 장옷 같은 천을 뒤집어쓰고 길을 건너는 여자 몇이 눈에 들어왔다. 까마귀 같기도, 귀신 같기도 했다. 아직도 생생한 이란에서의 첫 기억이다.

《페르세폴리스》를 쓴 작가 마르잔 사트라피는 1969년생으로 나와 거의 같은 나이다. 그가 중학생이었을 때 경험한 이란을 나역시 중학생으로 겪었다. 동년배인 우리는 같은 시기에 같은 곳에서 같은 역사를 살았던 것이다. 그러고 보니 가르잔은 이란에서 흔히 쓰는 여자 이름이었다.

    그때 이란은 역사의 격동기를 지나고 있었다. 1979년 1월 16일에 이란의 왕이었던 팔레비가 신병 치료를 핑계로 이란을 떠났고, 그로부터 2주 후인 2월 1일에 망명 생활을 끝내고 귀국한 호메이니가 혁명을 지휘해 이슬람을 근본으로 하는 이란을 세웠다. 우리 가족은 그해 가을 이란의 수도 테헤란에 도착했다. 갓 중학교에 입학한 나는 테헤란에서 새로 학교에 다니기 시작했다. 매일 반미 시위가 있었고, 당시 미국 대통령이었던 카터의 인형과 모형이 곳곳에서 수모를 당했으며 성조기가 불어 타올랐다. 나는 등하교와 이따금 심부름으로 슈퍼마켓에 다녀올 때를 제외하고는 주로 집 안에만 있었다. 텔레비전에서는 뉴스만 나왔고 반미 시위가 자주 등장했는데 집 밖에서 들려오는 반미 시위대의 구호와 텔레비전에서 방송되는 구호가 메아리처럼 울려 퍼지곤 했다. 그때의 사회상을 담은 영화 〈아르고〉(2012)를 보면서도 나는 묘한 향수를 느꼈다. 당시 이란에서 영어란 악마의 언어였고, 미국식 대중문화 역시 사탄의 유혹 취급을 받아 철저히 배제되었다. 그래서인지 텔레비전에서도 중학생이 재미를 느낄 만한 프로그램을 거의 볼 수 없었다.

이란의 반미 감정은 갈수록 강렬해졌고 급기야는 1979년 11월 4일, 일단의 대학생들이 테헤란의 미 대사관을 점거하고 대사관 직원들을 인질 삼은 사건이 터졌다. 한 달 뒤에는 소련이 이란의 이웃나라 아프가니스탄을 침공했다. 내가 다니던 국제학교는 문을 닫았고 외국인 학생들은 뿔뿔이 흩어졌다. 미 대사관 인질 사건은 그 뒤로도 1년 넘게 계속되었다. 하지만 나는 당시 그것이 얼마나 위태로운 상황인지 알지 못했다. 모든 언론이 통제되었고 텔레비전에 나오는 뉴스도 이란어로만 방송되었기 때문이다. 어느 날은 아버지가 어떻게 구하셨는지 〈뉴스위크〉지를 집으로 가져왔다. 안대로 눈을 가린 미국인 인질들이 표지에 실려 있었다. 1980년 4월 24일, 당시 미국 대통령 카터가 억류된 인질들을 구출하려고 대대적인 작전을 벌였으나 무참히 실패하면서 주이란 미국대사관 인질 사건은 막을 내렸고, 그 결과 카터는 그해 재선에 패하게 된다.

　　그로부터 5개월 뒤, 1980년 9월 22일 이라크가 이란을 공격하면서 이란-이라크전이 시작되었다. 이라크는 첫 침공부터 테헤란에 있는 공항을 폭격했기 때문에 테헤란 거주민들은 공습에 대비해야 했다. 우리는 매일 해가 질 무렵이면 신문지 몇 장을 겹쳐 집에 있는 모든 창문에 붙였다. 공습으로 유리창이 깨질 것을 대비하고 불빛이 새 나가지 않도록 하기 위함이었다. 아침이 되면 신문지를 떼고 해가 지면 다시 붙이기를 반복했는데, 이 일은 나와 내 동생의 몫이었다. 집 곳곳에 큰 유리창이 있었기 때문에 어린 우리 남매에게는 꽤 품이 들었던 일로 기억한다. 때마침 출장으로 이란을 떠나 있었던 아버지는 전쟁으로 공항이 봉쇄되어 이란으로 다시 입국하지 못하고 있었다. 말 한마디 안 통하는 나라에서 남편도 없이 한 치 앞도 알 수 없는 전쟁을 겪으며 어머니가 얼마나 마음고생을 했을지 지금에야 겨우 짐작해 볼 뿐이다. 한국에서 한국전쟁을 겪은 것으로도 모자라 타지에서 생애 두 번째 전쟁을 치른 셈이니 말이다. 공항 봉쇄가 풀릴 기미가 없자 아버지는 급기야 파키스탄의 카라치에서 버스를 타고 국경을 넘어 이란으로 들어오셨다.

나는 이란어를 쓰는 학교를 몇 개월 다니다가 다시 새로 생긴 작은 국제학교로 전학했다. 그러는 동안에도 전쟁은 계속되었고 곧 물자난이 시작되었다. 동네 슈퍼마켓에 식료품이 줄었다. 어느 날 저녁상에 오른 닭볶음탕의 닭 뱃속에는 달걀노른자가 몇 개 있었다. 생전 처음 보는 광경에 나는 비위가 상해서 더 이상 음식에 손을 대지 않았다. 지금 생각해 보면 누군지 씨닭을 팔았음이 틀림없다. 그만큼 물자난이 심각했던 것이다. 하지만 당시에는 그런 생각을 하지 못하고, 어린 마음에 지루한 일상을 투덜거리기만 했다. 페르세폴리스로 짧은 가족 여행을 간 것이 그때쯤이다.

남북한과 동시 수교를 맺고 있던 이란은 곧 남한과 거리를 두고 점차 북한 쪽에 서게 되었다. 더잖아 우리 가족은 이란을 떠나라는 명령을 받았다. 우리에게는 2주일의 말미가 주어졌다. 부랴부랴 짐을 쌌다. 친구들에게는 눈물로 이별을 고했다. 급히 이란을 떠나야 했던 것은 우리뿐만이 아니었다. 이메일도 SNS도 없던 시절이다. 이렇게 헤어지면 다시는 못 만날 수도 있다는 아쉬움과 불안감을 저마다 애써 눌러야 했다. 1981년 여름이었다.

이란에서 한국으로 돌아가는 길에 들른 영국 런던은 마침 그해 성대하게 치러진 찰스 황태자와 다이애나 황태자비의 결혼식으로 도배되어 있었다. 서점이든 기념품 가게든 할 것 없이 사방 구석구석에 황태자 부부의 약혼 사진이 장식되어 있었다. 근 2년간 말도 안 통하는 나라에서 전쟁을 경험하다 영국으로 가니 신세계가 열린 듯했다. 어디에서도 전쟁의 기운을 느낄 수 없었다.

한국으로 돌아온 나는 다니던 중학교로 돌아갔다. 또래 친구들은 곧 치를 고입 연합고사 준비에 열을 올리고 있었다. 나는 중학교 3년을 모두 다니지 않았기 때문에 연합고사를 면제받았다. 알고 보니 내가 이란에 있었던 2년 동안 한국 역시 격동기를 통과했다. 1979년 10월 26일의 대통령 피격, 12월 12일의 군사 반란, 1980년 5월 18일의 민주화 항쟁까지 엄청난 사건이 이어졌지만 나는 전혀 알지 못했다. 간혹 트럭에 올라타 장총을 휘두르는 한국 군인들이 이란 뉴스에 보도되었지만 무슨 일인지 알 수 없었다. 부모님에게 물어봐도 묵묵부답이었다.

영화 〈스파이더 맨: 노 웨이 홈〉(2021)에서는 평행 우주에 사는 세 스파이더맨이 만난다. 평행 우주나 시간 여행을 테마로 하는 영화를 보면 시간을 되돌려도, 여러 개의 우주에서도 비슷한 사건이 동시에 일어나 모두가 비슷한 경험을 하게 된다는 내용이 자주 등장한다. 그런 영화들을 보고 있자면 이란에서 보냈던 어린 시절이 떠오른다. 마치 평행 우주 세계관처럼, 이란에서도 한국에서도 엄청난 역사적 사건이 일어나던 그때가. 지구 반대편에서도 비슷한 일들이 일어나던 그때가.

인터넷이 지금처럼 발달하기 전이었기에 우리는 서로를 까맣게 몰랐다. 2025년, 미국에 사는 나는 이제 한국과 이란에서 일어나는 일들을 거의 실시간으로 보고 듣게 되었다. 같은 행성에서도 분절된 평행 우주와 같은 삶을 살던 인류가 이제는 거의 하나의 세상에 살게 되었다. 그런데 그만큼 서로 가까워졌는지는 모르겠다.

반응성이라는 불청객

우리 집 강아지는 가축을 모는 목양견, 즉 셰퍼드 계열이다. 에너지가 넘치기 때문에 매일 하루에 두 번씩 아침저녁으로 산책을 시키지 않으면 주체하지 못한 활기를 자체적으로 해결한다. 집 안의 목제 가구, 문짝, 헝겊 쿠션 등 깨물 수 있는 것은 물어뜯고 흔들어서 기어코 죽음을 확인한다. 잠깐 한눈을 파는 사이 순식간에 계단 모서리를 물어뜯어서 직각 모서리를 라운드로 바꾸는 능력을 직접 목격한 다음부터 우리 가족은 무슨 일이 있어도 매일의 산책 일정을 칼같이 지킨다. 그러다 보니 산책길에서 다양한 개와 사람을 만난다.

개들은 우리를 마주치면 순순히 지나갈 때도 있지만 상당수는 덤벼들려고 목줄을 잡아당기거나 으르렁대며 짖는다. 같이 놀자는 표현일 때도 있지만 짖거나 덤벼들 때는 명백히 위협의 메시지가 느껴진다. 그러면 상대편 주인은 필사적으로 목줄을 잡아당긴다. 당황해서 "그만해!" 하고 소리를 지를 때도 있다. 멀찌감치 우리를 보고 미리 길을 건너서 아예 피하는 경우도 있다. 우리 집 강아지도 처음에는 멀뚱히 다른 개들 보고만 있더니 언제부터인가 어떤 개를 보면 짖으면서 덤벼들 태세를 한다. 뭔가 서로 마음에 안 드는 분위기를 감지한 모양이다.

개의 이런 행동을 '반응성reactivity'이라고 부른다는 사실을 개를 키우면서 처음 배웠다. 반응성이라니, 낯선 단어다. 포털사이트에 개의 반응성을 검색하면 수많은 자료가 쏟아진다. 개의 반응성이 왜, 어떻게 발생하는지, 어떻게 훈련할지에 대한 정보가 SNS를 비롯한 인터넷에 넘쳐난다. 나 역시 개의 반응성이 정확히 무엇인지를 파악하려고 영상을 한번 시청한 대가로 알고리즘이 쉴 틈 없이 들이미는 관련 동영상의 홍수에 갇히고 말았다. 영상들을 보고 있자면 반응성이 뭔가 엄청난 병처럼 느껴지기도 한다.

개의 반응성이란 외부의 자극에 짖거나 덤벼드는 행동이다. 지나가는 아이를 보고, 마주 오는 개를 보고, 문 옆에 앉은 고양이를 보고, 사이렌을 울리며 지나가는 소방차를 보고 짖거나 덤비는 개들이 있다. 상대는 가만히 있는데 개가 그런 반응성을 보이면 주인으로서는 어쩐지 미안하고 민망하다. 대형견이라면 상황이 급격하게 나빠지기도 한다. 만에 하나 개가 아기를 무는 사고가 일어나기라도 하면 사태는 걷잡을 수 없이 심각해진다. 사고가 반복되면 개를 안락사시켜야 하는 상황으로까지 이어질 수 있다. 때문에 반응성이 강한 개를 키우는 주인은 신경이 예민해질 수밖에 없다. 이 때 예민해진 주인의 상태를 감지한 개가 더 강한 반응성을 표출하는 식의 악순환에 빠질 수도 있다.

여기저기서 얻은 정보를 종합해 정리하자면, 개의 반응성을 줄이기 위해서는 자신감을 부여하고 충동을 다스리는 자제력을 키우는 훈련을 해야한다. 동시에 반응성을 유발하는 요인을 하나씩 파악해 그것들에 익숙해지도록 하는 교육도 필요하다.

그런데 이 반응성이 교정해야 할 문제 행동으로 낙인찍힌 상황은 흥미롭다. 낯선 이를 보고 짖는 행동은 과거 개의 존재 이유 중 하나가 아니었던가? 몇만 년 전 인류는 늑대와 연합을 맺고 그들에게 먹이와 쉼터를 제공했다. 우두머리가 있는 무리 생활을 하던 늑대는 인간 무리에도 어렵지 않게 합류해 탁월한 사냥 솜씨로 빙하기 유럽에서 인간을 최고의 포식자 자리에 올려놓는 데 일조한다. 그 뒤 재산을 축적하고 정착 생활을 하게 된 인간의 곁에서 개는 무리에 속하지 않은 이방인을 알아보고 경계하며 짖음으로써 침입을 알리고 특유의 공격성으로 침입자를 쫓아내는 역할을 충실히 수행했다. 근대사회에서도 개는 계속해서 집과 재산을 지켰다. 같은 무리인 가족에게는 더없이 상냥했지만 수상한 사람 혹은 주인이 지목하는 적에게는 죽음도 불사할 정도로 덤벼드는 집요함과 충성심을 보였다. 셰퍼드 같은 경찰견을 최고로 여겼다. 적어도 20세기까지는 그랬다. 폭발적인 에너지와 경계심은 집을 지켜야 할 개가 갖춰야 할 최고의 덕목이었지만 지금에 와서는 유기견 보호소로 가지나 않으면 다행인 천덕꾸러기 신세가 되었다.

인간 대다수가 도시생활을 하게 되면서, 출생률이 낮아지고 인구가 감소하면서, 개를 키우는 사람들이 늘어나면서, 이상적인 개의 모습은 다시 급변하고 있다. 집을 지켜야 할 개에게 꼭 필요했던 경계심은 이제 반응성이라는 이름의 문제 성향이 되었다. 오늘날 인간은 집 지키는 개를 원하지 않는다. 함께 생활하며 정서적으로, 심리적으로 교감할 존재를 원한다. 부산한 도시 한가운데서도 문제를 일으키지 않고 잘 지낼 개를 원한다. 21세기에는 경찰견보다 봉사견이 환영받는다. 어떤 환경에서도 흥분하지 않고 제 감정을 조절할 수 있는, 어떤 자극에도 즉각적으로 반응하지 않는 자제력을 가진 개 말이다.

반응성을 고치는 일은 그다지 어렵지 않다고 한다. 차분하고 끈질기게 연습시키고, 애정으로 기다려주면 된다. 그 결과 우리가 과거에 개의 자연스러운 본성이라고 여겼던 성격과 행동은 차츰 변화한다. 이제 개들은 낯선 이를 반가워한다. 그러면서도 반가움을 과하게 표현하지는 않는다. 차분하게 목례를 하거나 꼬리를 흔드는 정도다.

다정한 성격의 개들은 이렇게 점차 늘어갈 것이다. 물론 부단한 훈련 덕분일 테지만, 생물학적인 결과로도 그렇다. 다정한 반응을 주관하는 호르몬인 옥시토신은 '관계 호르몬'이라는 별칭으로도 불린다. 앞서 설명했듯 좋아하는 것을 보면 옥시토신이 분비되고, 분비된 옥시토신은 옥시토신 수용체를 거쳐 행복감으로 연결된다. 이때 옥시토신의 분비와 옥시토신의 체내 흡수 모두 유전자가 관여한다. 옥시토신 유전자가 활발할수록 상대를 배려하는 다정한 성격이 되는데 이는 사람이든 개든 마찬가지다.

흥미로운 부분은 개들이 반응성을 줄이고 다정함은 강화하는 방향으로 진화한다는 것이다. 몇 차례 설명했듯 진화란 간단히 말하자면 특정 유전자가 더 많아지거나 혹은 더 적어지는, 유전자 빈도의 변화다. 유익한 유전자는 더 많아지고 유해한 유전자는 더 적어지는데, 이때의 '유익한 유전자'는 살아가는 데 더 유리해서 더 많은 자손을 남기는 유전자를 의미한다. 유익한 유전자를 가진 개체가 그 유전자를 가지지 않은 개체보다 더 많이 살아남아 자손을 남긴 결과, 유익한 유전자를 지닌 개체수가 증가하게 되는 과정이 바로 진화다.

다윈은 자연 선택을 통해 환경에 더 잘 적응하도록 돕는 유전자가 더 많은 후손을 남기면서 생물이 진화한다고 보았다. 또한 성 선택을 통해 짝짓기에 더 유리하도록 돕는 유전자가 더 많은 후손을 남기면서 진화한다고 보았다. 그런데 오늘날의 개는 자연 선택도 성 선택도 아닌, 인공 선택으로 진화하고 있다. 인간이 원하는, 다정한 성격의 유전자를 가진 개가 더 많은 후손을 남기고 있기 때문이다.

개는 인간이 만들어낸 도시라는 환경에 적응해야 한다. 한시도 가만있지 못하고 조금이라도 지루할라치면 혼자서라도 그 지루함을 파괴적으로 해결하는 우리 집 강아지의 성격은 목양견으로서는 최상의 특징이겠지만 도시에 사는 반려견으로서는 적절하지 않다. 이처럼 같은 특성이라도 환경에 따라 바람직하게 여겨지기도, 교정 대상이 되기도 한다.

이를테면 주의가 산만한 아이는 학교에서 '학습 부진'이라는 이름의 교정 대상자가 된다. 하지만 주의 산만이 언제나 교정되어야 할 기질은 아니었다. 인류의 진화 역사 중 99퍼센트를 차지하는 세월 동안 인류는 이곳저곳을 옮겨 다니며 살았고, 항상 경계심을 늦추지 않았다. 주변에서 들어오는 정보를 계속해서 수집하며 조금만 수상한 낌새가 있어도 즉각 알아차리고 집단에 알리는 사람은 그 집단이 사고를 당하지 않고 성공적으로 살아남게 하는 데 큰 도움을 주었다.

옆에서 불이 나도, 맹수가 습격해 와도 아랑곳하지 않고 수학 문제를 풀 정도의 집중력을 가진 사람은 살아남기 힘들었을 것이며 많은 유전자를 후세에 남기지 못했을 것이다. 우리는 주의가 산만한 아이들을 보면서 한숨 쉬며 걱정하지만, 이 행동을 문제 행동으로 규정한 주체는 아이들을 교실에 앉혀놓고 집중하기를 요구하는 우리다. 아이들의 성장기에 교실이라는 울타리를 쳐온 지 고작 몇백 년이 흘렀을 뿐이다. 약 30년마다 세대가 교체되는 인간에게는 터무니없이 짧은 시간이다. 거기다 한 세대가 갈수록 길어지는 추세지 않나. 같은 행동이나 특성이라도 환경에 따라 장점이 되기도 단점이 되기도 한다는 사실을 생각하면 더 다정한 마음으로 인내심을 갖고 변화를 기다리게 된다.

반응성 교정 교육은 조금씩 효과가 나타나는 듯했다. 다른 개를 보고 짖지 않으면, 자신을 향해 짖는 개에 맞서 짖지 않으면, 주택가를 걷다 다른 집 담장 안에서 짖는 개에게 맞서 짖지 않으면 칭찬해 주었다. 점차 의연해져 가는 강아지가 자랑스러웠다. 산책하는 다른 개와 주인이 우리 곁을 지나며 부러움의 눈길을 보냈다. 그런데 얼마 전부터 개를 키우는 다른 집을 지날 때면 강아지가 괜히 그 집 담장 밑으로 불쑥 코를 들이밀고 숨을 내쉬며 킁킁대는 게 아닌가. 그러면 그 집 개가 담장 쪽으로 달려와 마구 짖는다. 우리 집 강아지는 제자리에 앉아 나를 빤히 올려다보며 눈으로 묻는다.

"쟤 왜 짖는데? 나 좀 봐. 난 안 짖잖아."
칭찬을 해주면서도 뭔가 강아지에게 말려든 기분이다.

어르신이 되는 길

강아지를 집에 들인 뒤로는 매일같이 산책을 나간다. 강아지가 성견에 가까워지면서 산책량도 늘었다. 최근에는 아침저녁으로 약 5킬로미터씩, 하루에 총 10킬로미터를 개와 걷고 있다. 한 번 5킬로미터를 걷는 데 한 시간 정도가 걸린다. 컨디션이 좋지 않은 날에는 딸이나 남편에게 산책을 부탁하기도 하지만 기본적으로는 내 몫이다. 피곤한 날에도 대신 나가줄 사람이 없으면 어떻게든 내가 집을 나서야 한다. 일단 집 밖으로 발을 내디디면 어쨌든 그런대로 걷게 된다.

태어난 지 1년이 채 되지 않은 강아지는 걸음걸이가 여전히 사뿐사뿐하다. 나도 어릴 적에는 그랬을 테지. 이제는 아니다. 아침 산책을 하기 전에는 반드시 10분 동안 스트레칭을 해야만 질 좋은 산책을 할 수 있다.

완경 즈음 일어난 신체적 변화 탓에 나는 '오춘기'라는 말을 온몸으로 실감하며 격동의 시기를 통과했다. 격동의 사건이랄 게 전혀 없었는데도 말이다. 격한 운동 근처에는 가지도 않았는데 양치질을 하다가 목을 삐끗하고, 신발 끈을 매다가 허리를 삐끗하고, 떨어지는 물건을 잡으려다 손목을 삐끗했다. 심지어는 삐끗한 적 없는 부위까지 이유 없이 아파왔다. 가만히 있었을 뿐인데 통증이 생기다니?! 평생을 크게 아픈 일 없이 살았던 탓인지 당황을 넘어 충격적이기까지 했다. 믿었던 몸의 배신이었다.

진화는 생식 가능 시기가 끝난 몸을 더 이상 보듬어주지 않는다. 태어나서 성장하고 번식하다가 죽는 것이 일반적인 생명의 순환이라면, 그 순환이 이루어지는 동안 자연에 적응하고 짝짓기를 하면서 진화의 작용을 받는다면, 더 이상 번식하지 않는 시기는 진화가 어떻게 할 수 없는, 수수께끼의 단계다. 그런데 이 시기가 인간에게 너무도 길다. 심지어 점점 더 길어지고 있다. 수명은 계속 늘어가는데, 태어날 때 주어진 하나뿐인 몸을 계속해서 써야 한다.

평생 나를 따라다녔던 위장병은 이제 거의 일상의 일부가 되었다. 빨리 급하게 먹는 습관이 가장 문제라는 의사의 지적에도 불구하고 오랜 습관을 고치기는 어려웠고, 나는 차선책으로 간헐적 단식을 택했다. 하루 세 끼를 먹어서 하루 세 번 위산으로 고생하느니 하루에 두 끼만 먹어서 두 번만 고생하는 편이 낫지 않을까? 하는 단순한 생각이었다. 인터넷에서 간헐적 단식으로 위산과다증을 고쳤다는 이야기를 보고 반쯤 넘어가기도 했다. 하루에 열여섯 시간은 단식하고 나머지 여덟 시간 동안만 먹는다. 과연 간헐적 단식을 시작하자마자 위산과다증에 효과를 보았다. 습관적으로 먹던 제산제 섭취 빈도가 눈에 띄게 줄었다.

지난 5-6년간 나는 내 몸을 다시 연구하고 실험해 사용법을 새로 익혔다. 이제야 어느 정도 평형을 찾았다. 지금은 그 어느 때보다 건강한 느낌이다. 여기에는 매일 두 차례 하는 산책과 수시로 하는 스트레칭도 큰 몫을 하고 있다. 특히 스트레칭은 귀찮더라도 빼먹지 않으려고 한다. 몇 시간 동안 가만히 누워서 잠자는 일도 일종의 운동이어서, 운동 전후로 스트레칭을 해주듯 잠들기 전후로도 스트레칭을 꼼꼼히 하고 있다.

요즘의 내 몸을 보면 미시간에서 몰았던 내 첫 차가 생각난다. 10년도 더 된 중고차였던 내 차는 날씨가 추운 날 아침에는 주행 전에 반드시 시동을 켠 채로 엔진을 예열해 주어야 했다. 충분히 예열하지 않고 바로 주행하면 도중에 엔진이 꺼지기 일쑤였다. 요즘의 자동차는 카뷰레터(기화기)를 쓰지 않기 때문에 예열할 필요가 없다고 하니 이 오래된 중고차 이야기가 이해되지 않는 독자도 있으리라.

충분히 스트레칭을 한 뒤 산책길에 나선 다음에는 별다른 생각을 하지 않는다. 개를 산책시키면서 핸드폰을 들여다보는 사람들을 자주 본다. 내게는 아직 허락되지 않는 사치다. 지금은 앞만 보고 걷는다. 내가 큰 나무의 뿌리나 깨진 보도블록에 걸려 넘어지지 않도록, 개가 바닥에 떨어진 먹어서는 안 될 것을 먹지 않도록, 깨진 유리병 같은 위험물이 있으면 빨리 대처할 수 있도록 하기 위해서다. 동시에 수시로 눈을 마주쳐 오는 강아지에게 잘하고 있다는 응원을 보내기 위해서이기도 하다.

대신 걸으면서 종종 337 걸음을 시도해 본다. 337 박수처럼, 박자에 맞춰 네 발짝을 걸으면서 천천히 숨을 들이쉬며 폐 한가득 차오르는 맑은 공기를 그려본다. 그다음 네 발짝을 걸으면서는 잠시 숨을 멈춘다. 그동안 온몸에 산소를 보내면서 노폐물을 모아오는 혈액을 떠올린다. 마지막 여덟 발짝을 걸으면서는 숨을 내쉰다. 모은 독소와 노폐물을 밖으로 내보낸다고 상상하면서.

산책을 하다 보면 다양한 사람을 마주친다. 사람만큼 개도 많다. 개를 보면 주인의 성격을 알 수 있어서 흥미롭다. 우리 개에게 인사해도 되냐고 내게 묻는 사람도 있고, 무작정 손을 내밀어 개를 쓰다듬으려 하는 사람도 있다. 모르는 사람이 브자마자 손을 내밀며 다가오면 개가 화들짝 놀라면서 피하기도 한다. 그러면 상대편 개까지 우리 집 개에게 덤벼들 태세를 취한다. 대체로 개에게 인사를 해도 되냐고 먼저 묻는 주인의 개는 얌전한 경우가 많았다. 엄마가 된 뒤 딸아이 또래 아이들을 보면서 부모의 성격을 가늠해 보곤 했는데, 반려견도 다르지 않은 듯하다.

오늘은 산책 중에 아마존 배달 트럭 기사를 마주쳤다. 저녁까지 힘들게 일하는 사람에게 혹여나 폐가 될까 개의 목줄을 바짝 당겨 걸었다. 개도 그런 내 마음을 알았는지 발걸음이 사뿐했다. 그런데 기사가 굳은 얼굴로 내게 다가오는 게 아닌가. 나는 살짝 긴장하며 개를 내 옆에 앉혔다. 굳은 얼굴의 기사가 말했다.

"혹시… 강아지를 쓰다듬어도 될까요?"

강아지는 내게 "인사해!"라는 말을 듣자마자 꼬리를 흔들며 그의 무릎에 얼굴을 살짝 대었다. 그는 손을 내밀어 개의 목덜미를 쓰다듬었다. 누군가가 우리 집 개의 목에 난 흰색과 갈색의 부드러운 털을 보고 바닐라 초콜릿 아이스크림 같다고 했더랬지. 개와 인사를 나누는 기사의 얼굴에 환한 웃음이 떠올랐다. 굳은 얼굴은 그저 피곤했던 탓인가 보다.

"오늘이 참 길고 힘들었는데 강아지 덕분에 다 풀렸어요. 감사합니다."

나는 그저 개를 산책시키고 있었을 뿐이다. 아마존 기사에게 힐링의 순간을 선물한 주인공은 개다. 그 덕분에 나까지 힐링이 되었다.

나이가 들면서 내 몸 하나도 겨우 건사하며 산다는 생각이 불쑥불쑥 든다. 뭔가 더 큰 일을 해야 하지 않을까? 일을 만들고 앞에 나서서 뭔가를 해야 하지 않을까? 그런 조급함이 완전히 사라지지는 않았지만, 지금은 '가만히 있는 게 도와주는 거다'란 마음으로 금방 정리가 된다. 섣불리 나서지 않고, 그저 자리를 지키며 상황을 지켜보다가 필요할 때만 이따금 일이 제대로 돌아가도록 촉매 역할을 해주어야 하는 나이. 다음 세대가 해내는 일을 세상에 알리고 빛나게 해야 하는 나이, 가만히 있어야 할 때를 아는 혜안을 갖춰야 하는 나이. 이제 나는 그런 나이가 되었다. 나는 어른에서 어르신이 되는 길에 서 있다.

여자라는 인류 ―

③

여자답다는 말

나는 어렸을 때부터 '여자답다'는 말에 두드러기가 날 정도의 저항감을 느꼈다. 그럴 법도 한 것이, 꾸지람을 듣거나 혼이 날 때마다 '여자답지 못하다'는 말을 들었다. 입을 벌리고 큰 소리로 웃는다고, '선머슴'처럼 걷는다고, 말투가 퉁명스럽다고 야단을 맞았다. 신발이 잠수함처럼 크다며 놀림을 받기도 했다. 모두가 '천생 여자'인 엄마를 본받으라고 했다. 엄마는 미소를 머금은 얼굴로 조용히 말했고 오이씨 같은 발로 자분자분 걸었다. 나는 반항심에 더 큰 소리로 웃고 떠들면서 고릴라처럼 걸었다. 그러면서도 여성다움을 강요받는 일에 정면으로 반박하거나 반항하는 용기를 내지는 못했다. 그저 하지 말라는 짓을 집요하게 그만두지 않으면서 혼날 일만 늘렸다.

동화책과 만화책에는 '천생 여자'인 공주가 나쁜 일을 당하면 왕자가 나타나 구해주는 이야기가 자주 등장했다. 말괄량이 여자주인공이 등장하는 책도 있었지만 그들은 주로 어딘가 모자라 사고를 치고 다녔고, 그 말괄량이마저도 능력 있는 남자주인공의 도움을 받아 천생 여자로 거듭 태어났다. 물론 결말은 결혼이었다.

세상에서 가장 여성스러운 엄마 같은 사람에게서 어떻게 나 같은 말괄량이가 태어났는지 모르겠다고 사람들은 혀를 찼다. 그런 엄마 때문에 여자다움에 적개심을 갖게 되었는지, 여자다움에 적개심을 가졌기 때문에 엄마에게도 부정적인 감정을 품게 되었는지 인과관계는 모르겠다. 어쨌든 내게 여자다움이란 바로 엄마였고, 나는 그 사이에 끼어들 틈이 없었다. 그러고 싶지도 않았다. 나는 절대 엄마 같은 사람은 되지 않겠다고 결심했다. 이 결심에는 '여자답게 행동하지 않겠다'는 뜻을 넘어 '남자에게 의존하지 않고 경제적으로 독립하겠다'는 의지가 포함되었다.

나는 의식적으로든 무의식적으로든 계속해서 내 안의 '여자다움'을 버리기 위해 안간힘을 썼다. 대학에서 고고학과 미술사학 중 하나로 세부 전공을 정할 때도 당연하다는 듯 조금이나마 '덜 여성스러워' 보이는 고고학을 택했다. 남자가 대다수였던 발굴 현장에서도 "역시 여자들이란…" 같은 소리를 듣지 않기 위해 남학생처럼 대삽을 휘두르고 지게차를 끌었다. 가끔 겪는 성차별, 성추행에 가까운 폭력적인 문화는 애써 의식 저편으로 가라앉혔다. 미국의 대학원에서 인류의 진화를 공부하고 교수로 자리를 잡으면서 그토록 원했던 경제적 자립도 이루게 되었다. 이따금 부당한 불이익이나 차별을 겪을 때는 '내가 여자라서'라는 생각을 하지 않으려 노력했다. 차라리 성별이 아닌 이유, 그러니까 한국에서라면 계급 때문이라고, 미국에서라면 인종 때문이라고 믿고 싶었고 그렇게 믿었다.

내가 선택한 전공인 진화론에서도 여성다움은 별 볼 일이 없었다. 자원과 짝짓기에 대한 접근권을 둘러싼 수컷들끼리의 치열한 혹은 은근한 경쟁의 결과로 가장 뛰어난 유전자를 가진 수컷이 다음 세대에 더 많은 유전자를 남기게 된다는 진화론 프레임에서 암컷은 수컷들이 접근하고자 하는 자원에 불과했다. 수컷들이 경쟁적으로 쟁취하려는 먹을거리와 비슷한 수준의 자원 취급이라니! 기분도 나빴고 여성 혐오의 구린내도 났다. 나는 그런 나 자신을 꾸짖었다. 객관적으로 관찰된 자연현상인데, 감정적으로 반응하는 건 어리석은 짓이야. 과학적 접근에 정치적인 색안경을 껴서도 안 되고, 그럴 필요도 없다고 애써 스스로를 타일렀다.

인류는 동물성 지방과 단백질을 구하기 위해 사냥을 시작했고, 그 과정에서 두뇌 용량과 몸집이 커져 인간다운 몸이 되었으며 협동하에 사냥을 하면서 인간다운 사회 구조가 탄생했다. 다시 말해 사냥은 인류 진화에서 가장 중요한 동력이었다. 그리고 사냥은 남성의 전유물이었다. 사냥에 참여하지 않는, 참여하지 못하는 여성은 채집을 하면서 아이들을 돌봤다고 배웠다. 성 분업을 통해 효율적으로 일하고 생산성을 높였으리라는 명제는 뛰어난 두뇌를 가진 인류가 당연하게 선택한 전략이었다. 그렇게 배우고, 그렇게 가르쳤다.

그러나 암컷이 임신, 출산, 육아라는 엄청나게 힘든 과업을 도맡으면서 다른 일을 할 수 없게 되자, 최고의 유전자를 가진 짝을 찾기 위해 몸단장을 하고 그저 선택받기를 기다리게 되었다는 가설은 생물학적으로 필연적인 추론이 아니다. 실제 자연 속 암컷은 그동안 진화론이 단편적으로 묘사해 온 둔하고 큰 난자의 모습과는 완전히 다르다.

모두가 검증되지 않은 전제들이었다. 암컷은 크고 정적인 난자를 품은 채 치열한 경쟁을 뚫고 헤엄쳐 오는 정자를 기다리는 수동적인 존재가 아니었다. 자연의 수컷은 암컷을 자원으로 보지 않았다. 성차별 사회에 살고 있는 진화학자의 눈에 암컷이 정복 대상인 자원으로 보였을 뿐이다.

중요하게 여겨지던 사냥 가설 또한 실제 자료로 검증되지 않았다. 성 분업이 타당한 가설이기는 하다. 남자와 여자가 서로 다른 일을 함으로써 생산력을 높였으리라는 추론이다. 임신, 출산, 수유에 많은 시간을 써야 하고 행동반경이 좁은 여자는 거주지 근처에서 식물성 먹을거리를 채집하고, 움직임에 제약이 없어 행동반경이 넓고 힘이 센 남자는 장거리를 오가며 짐승을 사냥한다. 그렇게 얻은 사냥감을 가족이 모두 나누어 먹는 그림은 말이 된다. 그러나 인류가 태초부터 성별로 일을 나누어 남자는 사냥을 하고, 여자는 채집을 했다는 명제를 입증하는 자료는 의외로 빈약했다. 근래 들어서야 이 명제를 검증하려는 연구들이 나왔고, 흥미로운 결과를 내고 있다. 그런데 내가 이런 학계의 흐름을 소개하는 글을 쓰면 예외 없이 거친 욕과 악성 댓글이 달렸다. "남자는 사냥, 여자는 채집을 했다는 기본 상식도 모르는 아줌마가 무슨 학자?"

그랬다. 임신, 출산, 육아를 겪으면서, 한국의 독자들을 대상으로 대중 글쓰기를 시작하면서, 내가 여성이라는 사실이 의식의 표면으로 떠오르게 되었다. 어느 신문에서 나를 소개하며 "한국 최초의 여성 고인류학자"라는 표현을 썼다. 나는 기자에게 해당 표현을 "한국 최초의 고인류학자"로 수정해 달라고 요청했다. 내가 여자이기는 하지만 '최초'라는 수식어에 굳이 '여성'이라는 말을 붙이면 최초의 남자 고인류학자가 이미 존재하는 것으로 오독될 여지가 있지 않나. 그런데 내가 여성이라는 말을 빼달라고 했다는 사실이 알려지자 나를 비판하는 목소리가 들려왔다. '여자인 걸 창피하게 여기지 말라'든가 '여자임을 자랑스러워 하라'는 식이었다.

"이상희 교수 남자인 줄 알았는데?" 기고글에 내 프로필 사진이 올라가기 시작하자 내가 여자라는 사실에 놀라는 댓글들이 주르르 달렸다. 그다음부터 당연하다는 듯 내 글에 악플이 따라붙었다. 내가 학계 동향을 알린 이후 인류의 성 분업을 실제로 입증하는 자료가 희박하다는 비슷한 내용의 글을 쓰는 남자 교수들에게는 악플이 거의 달리지 않았다. 페미위키에 내 프로필이 등록되고, 〈여성신문〉과 인터뷰를 한 시점과 내 기고문이나 기사에 악플이 늘기 시작한 시점이 겹치는 게 정말 우연일까? 나는 그토록 거부해 왔던 여성성에 대해 다시 생각해 보기 시작했다. 그리고 내가 여자다움이 아니라 여성의 사회적 지위를 거부하고 싶었던 것임을 깨달았다.

나는 틀에 박힌 여자다움을 모든 여성에게 강제하는 시스템을 거부했어야 했다. 아내가 임신, 출산, 육아를 비롯해 모든 집안일을 도맡았기 때문에 충분한 시간을 확보할 수 있었던 남자들이 만들어낸 '성공적인 커리어' 신화를 거부했어야 했다. 임신, 출산, 육아 전 과정을 비교적 협동적인 배우자와 함께했음에도 동료 남성 교수보다 6-7년이 뒤처지며 경단녀 아닌 경단녀가 된 스스로를 발견하고 내 무능함에 분노하고 움츠러들 것이 아니라 성공적인 커리어 신화에 어긋나는 다양한 경력 행보를 당당히 주장했어야 했다. 모두 뒤늦은 깨달음이었다.

그러나 뒤늦은 시작이 영원히 하지 않는 것보다는 나을 테다. 나는 여교수회에 참석해 다양한 커리어 궤적을 만들어가는 동료 여교수들과 대화를 나누었다. 같은 생각과 같은 경험을 가진 이들과 같은 편이 되는 신나는 경험도 했다. 여교수회장을 맡아 다양한 커리어를 가진 여성들이 인정받도록 대학 행정부를 설득했다. 선거를 통해 교수의회의 의장으로 선출되었다. 선거 운동을 하면서 내 편만큼이나 반대편에도 강력한 여교수들이 포진한 것을 보면서 오히려 뿌듯함을 느꼈다. 나는 학교 역사상 몇 없는 여성 의장이 되었다. 아시아계로는 내가 유일하다.

나는 충분히 여자다웠다. 여자다움은 천의 얼굴을 지니고 있다. 그중 가부장제가 원하는 몇 얼굴만이 여자다움으로 포장되어 왔을 뿐이다. 그동안 소외되었던 모든 여자다움을 인정하기 시작할 때, 우리 사회는 함께 살기 더 좋은 곳이 된다

청바지와 미스터 리

　미국에서는 교수도 청바지와 티셔츠 차림으로 학생들과 편히 어울리며 자유롭고 평등하게 토론한다더라. 익히 들은 문화였고 실제 경험해 보니 과연 그랬다. 하지만 그 이면에는 마냥 부러워할 수 없는 뒷사정이 있었다.

　당연하게도 미국 유학 생활에 적응하는 일이 쉽지는 않았다. 교수를 이름으로 부르는 일도 내게는 스트레스였다. 내 지도 교수는 나를 처음 만나는 자리에서 말했다. "나를 밀퍼드라고 불러요 Call me Milford."

　미국에는 사제지간에도 격식 없이 동등한 인격체로서 일대일의 관계를 맺는 멋지고 민주적인 문화가 있다는 이야기, 익히 보고 들어 머리로는 알고 있었으나 동방예의지국의 군사부일체 문화에서 교육받고 자란 내게는 도무지 익숙해지지 않았다. 스승을 감히 이름으로 부르다니. 대학원 과정에서 만난 교수들도 하나같이 대학원생들에게 자신을 이름으로 부르라고 했다. 다행히 시간이 지나면서 나도 점차 그 문화에 익숙해졌고, 목에 가시가 걸린 느낌이 없지 않았지만 몇몇 교수를 이름으로 부르기도 했다.

하지만 지도 교수만큼은 끝까지 이름으로 부를 수 없었다. 나는 그를 이름으로 부르기를 거부했고, 그는 내게 교수님이라고 불리기를 거부했다. 그야말로 양보 없는 전쟁이었으나 의외로 교수님을 부를 일이 많지는 않았다. 말을 걸 때는 "익스큐즈 미" 혹은 "하이"로 시작하면 충분했다. 그게 안 통할 때는 앞에서 눈 맞추기를 기다리면 되었다.

후일 교수가 되고 나서 알았다. 학생에게 이름으로 부르라는 초대는 그다지 민주적이지도 평등하지도 않았다. 그 초대 뒤에는 권력이 숨어 있었다. 이름 불리기를 승낙할 수 있는 교수는 이미 교수로서 권력을 가진, 인정받는 사람이었다. 대체로 주로 백인이고 남성이었다. 이들은 학생들과 서로 이름을 부르고, 찢어진 청바지에 슬리퍼 차림으로 강의실에 나타나도 되었다. 물론 아무 슬리퍼가 아니라 버캔스탁이어야 하지만.

백인 남성이 아닌 사람이 교수가 될 수 있게 된 지 고작 몇십 년이 될까 말까다. 그런 탓인지 비백인 여성에게는 교수로서의 권위가 당연하게 주어지지 않는다. 비백인 여성이 찢어진 청바지에 슬리퍼 차림으로 학교를 배회하면 경비에게 제지당하기 일쑤다. 멀끔한 차림으로 강의실에 들어가도 휴지통을 (치워달라는 의미로) 가리키는 학생을 드물지 않게 만난다. 내가 바로 당신들을 가르칠 교수라 말해야 하는, 그 자리의 모두가 민망한 상황이 심심치 않게 벌어진다.

 나는 학교에 출근할 때면 항상 정장을 차려입었다. 그리고 내 지도 교수가 그랬듯 학생들을 격의 없이 대했다. 학생들은 내가 어떻게 불러달라고 이야기하기도 전에 나를 여러 가지 이름으로 불렀다. 닥터 리Dr. Lee, 프로페서 리Professor. Lee, 미세스 리Mrs. Lee, 미즈 리Ms. Lee, 미스 리Miss Lee, 쌔앵기Sang-Hee, 그리고… 미스터 리Mr. Lee까지. 나를 어떻게 부르는지를 보면 이제 나도 모르게 상대의 성장 배경이나 계급, 계층성, 사회의식까지 짐작하게 된다.

 나를 대면하면서 '미스터 리'라고 부르는 사람은 없었다. 하지만 우편물이나 이메일에서 나는 간혹 그렇게 호명되었다. 이따금 미스터 리를 찾는 전화도 걸려왔다. '상희'라는 이름이 바로 성별을 알아내기 힘든 이름이기는 하다. 미국인에게는 더욱 그럴 테지. 영어 문화권에서는 성별을 확인해야 존칭어를 사용할 수 있으니 직접 보지 않고서는 추측으로 나를 부를 수밖에 없다. (그래서 나는 한국어의 '씨'와 '님'을 좋아한다.)

그런데 성별을 모르면 일단 남성으로 부르는 관행은 흥미롭다. 성별을 모르면 왜 남성 존칭어를 쓸까? 여성을 남성으로 오인하는 쪽보다 남성을 여성으로 오인하는 쪽이 더 무례한 잘못으로 받아들여지기 때문이다. 여성에게 '선머슴 같다'고 하는 것보다 남성에게 '계집애 같다'고 하는 쪽이 더 큰 모욕이 된다.

거기서 의식을 한 겹 더 벗겨보면, 특별히 여성이라고 명시하지 않으면 일단 먼저 남성을 떠올리는 무의식이 드러난다. 수업시간에는 'Man'이라 쓰고 'Human'이라 읽는다고 배우지만, 'Human'이라 쓰고 'Man'으로 읽는 것이 현실이다.

여태껏 나를 호명했던 수많은 호칭 중 여전히 가장 낯설고 거부감 드는 것이 있다. 바로 '미세스 리'다. 초임 교수 시절에는 그렇게 불리면 발끈해서 씩씩대기까지 했다. ①아니, 감히 교수인 나를 '부인'으로 불러? 여자는 교수가 아니라는 거지?! ②나이 든 여자는 당연히 결혼을 했을 거라 이거지? 당연히 남편 성을 따랐을 거고?

세월이 제법 흐르고 나서야, 교수직에 노련해지고 또 미국의 여러 문화에 대해서도 더 깊이 이해해고 나서야 나를 미세스 리로 부르는 상대의 사고 회로를 되짚어 보게 되었다. 어떤 학생들에게 교수는 선생님과 같았고, 중년의 여자 선생님을 부르는 호칭은 미세스뿐이었다.

내가 일하는 학교에는 집안에서 처음으로 대학 문턱을 넘은 학생들이 꽤 있다. 학생들은 막연히 미래를 꿈꾸며 대학에 입학하지만 대학 문화에 대해서는 잘 모른다. 교수를 프로페서로 불러야 할지, 닥터로 불러야 할지 모른다. 남편 성을 따르지 않고 자신의 성을 계속 쓰는 여교수가 많다는 사실도 모른다. 형편이 넉넉지 않은 보수적인 환경에서 자라나, 중년 여자라면 당연히 결혼을 했고, 남편 성을 쓸 것이라 생각한다. 그러고는 초중고 시절 선생님을 부르던 호칭인 미스터, 미세스를 붙이는 것이다. 요즘은 여자 선생님을 '미즈'로 부르는 학교도 있다고 하는데, 점차 이런 흐름이 주류가 되어가는 듯하다.

학생이 나를 부를 때 쓰기 가장 무난한 호칭은 프로페서 리다. 이제는 나를 미세스 리라고 부르는 학부생들에게 덤덤히 말한다. "이 교수입니다I am Professor Lee." 불필요한 감정 소모는 하지 않는다. 처음부터 말해두면 상대방도 나도 편하다. 상대는 이상하게 생긴 이름을 굳이 발음하지 않아도 돼서 편하고, 나는 내 이름을 발음하려 애쓰는 어색한 모습을 보지 않아도 돼서 편하다. 소수민족 출신의 교수가 늘어나면서 자신을 교수라고 소개하고 그렇게 불리기를 원하는 교수도 늘고 있다. 서로 이름을 부르는 문화에 스며 있는 특권의 전제를 거부하는 제스처라고 생각하고 응원한다.

지난 수십 년간 내 이름의 철자를 제대로 쓰지 않는 이들에게도 적잖이 불쾌한 감정이 들었지만 모두 참고 넘겼다. 한국에서도 내 이름을 부르는 사람이 거의 없었으므로. 한국어에서는 관계가 호칭이 되고, 이름은 성과 함께 부르는 경우가 대부분이니까. 사랑고백이라면 모를까 공적인 자리에서 이름만 따로 떼어 불릴 일은 거의 없다.

어차피 아무도 부르지 않는 이름, 좀 틀리면 어때. 20여 년을 그렇게 보아 넘겼다. 물론 마음 한구석에는 찜찜함이 남아 있었다. '아니 이걸 왜 틀리지? 내가 보낸 이메일 서명란에 쓰인 그대로 복사해서 붙이면 되잖아! 그냥 무성의한 게지.' 그러다 더 이상 무반응으로 넘겨서는 안 되겠다는 생각이 들었다. 마침(?) 상급자가 내게 보낸 이메일에 내 이름의 철자가 틀려 있었다.

"Dear Sang-He,"

그에게 답신을 쓰면서 마지막 한마디를 덧붙였다. "제 이름에는 E가 두 개 들어갑니다."

당황해 사과하는 답장이 즉각 왔다. 이 사과 메일은 이렇게 시작되었다. "Dear San-Hee,"

이쯤 되면 시비 걸자는 걸까? 갈 데까지 가보기로 했다. 나는 다시 이메일에 답하며 마지막 문장을 추가했다. "제 이름에는 G가 들어갑니다."

답장이 왔다. "당신의 이름을 그것도 두 번이나 틀려서 정말 미안합니다!" 그 뒤로 변명이 이어졌다. "자동 수정 기능이 오작동 해서…" 어쩌고저쩌고. "물론 변명할 여지 없이 제 잘못이에요. 앞으로 주의할게요. 계속 당신과 생산적인 협업 관계를 지속하고 싶어요. 그래서 말인데… (이하 생략)" 변명인 거 알았으면 됐고, 앞으로 주의할 거면 됐다.

이름을 정확하게 쓰거나 부르지 않는 일은 생각보다 스트레스를 준다. 미국에서는 사회적으로 권력이 없는 계층, 특히 이민자의 이름을 정확하게 부르지 않는 일이 자주 일어난다. 이름을 아예 유럽계 미국식으로 바꾸라는 압력도 흔하게 받는다. 이런 미묘한 차별, 미세한 공격을 '마이크로어그레션microaggression'이라고 한다. 차별을 금지하는 여러 법안과 규율 사이를 미꾸라지처럼 빠져나가는 마이크로어그레션이야말로 감정 소모와 시간 소모로 피해자를 지치게 한다. '종이에 천 번 베인 죽음death by a thousand papercuts'이라는 영어 관용구만큼 마이크로어그레션을 잘 표현한 말도 없다. 내 심드렁한 지적을 들은 상대방이 아차 싶어 태도를 고치는 일도 비일비재하다. '굳이 이렇게까지 할 필요 있나…' 싶은 마음이 들 때도 있지만 내가 한 번 이야기하는 것으로 다른 천 명의 상처를 막을 수 있을지 모른다고 생각하며 마음을 다진다.

집안일 전쟁

　마흔이 다 되어 결혼을 해서인지 결혼 후에도 내 삶에는 그다지 큰 변화가 없었다. 남편은 살던 곳에서 살고, 나 역시 살던 곳에서 살았다. 우리 부부는 약 113킬로미터 떨어진 곳에서 예전처럼 각자의 집과 직장을 오가며 틈틈이 취미 생활 등을 계속했다. 주말은 함께 보냈지만, 하루이틀 정도 함께한 다음 다시 일상으로 돌아갔으니 결혼 전과 다름이 없었다.
　바라던 아기가 생기고, 출산을 한 뒤에야 남편과 집을 합쳤다. 그러자 엄청난 변화가 찾아왔다. 그 변화는 가사노동, 집안일에서 왔다. 나는 매일 설거지를 하면서, 청소를 하면서, 세탁기를 돌리고 빨래를 개면서 조금씩 불만을 쌓아갔다.
　우리 부부는 맞벌이인데 내가 가사노동의 90퍼센트를 떠맡은 느낌이었다. 물론 혼자 살 때는 내가 집안일의 100퍼센트를 했지만, 그건 다른 문제다. 매일매일 쌓인 불만은 곧 임계점을 지나 화로 폭발했다. 결국 남편과 이 문제로 싸우게 되었다. 늦은 나이에 결혼해 서로에게 이래라저래라하지 않았던지라 싸울 일도 거의 없던 우리가 겪은 몇 안 되는 큰 다툼이었다.

"내가 집안일 대부분을 하는데 너는 거의 안 하는 것 같다고!"

반면 남편은 자신이 가사노동의 50퍼센트를 하고 있다고 믿었다. 둘 다 데이터를 다루는 나름의 전문가인데 이렇게 생각이 다르다니? 그럴 리 없잖아? 내가 90퍼센트를, 남편이 50퍼센트를 하고 있다면 140퍼센트의 집안일이 수행되는 우리 집은 잡지 화보 속 먼지 한 톨 없는 완전무결한 상태여야 맞지 않나. 물론 전혀 그렇지 않았다.

우리는 서로가 그렇게 생각하고 있다는 사실에 진심으로 놀랐다. 동시에 궁금해졌다. 같은 상황을 두고 이렇게 다르게 느끼고 있다니. 진실은 무엇일까?

우리는 데이터를 모으기로 했다. 집안일 목록을 모두 적고 그 일을 누가 했는지 하나씩 표시하기로 했다. 장보기, 요리(식단 계획, 재료 수급 포함), 설거지(닦기와 정리, 수납을 별도로 계산), 청소(부엌, 화장실, 거실, 방 등 공간별 기재), 정리 수납, 빨래(세탁기 돌리기, 빨래 개기를 별도로 계산), 쓰레기 버리기(분리수거 포함), 갖가지 보수(전구 갈기 등, 대체품 탐색 및 주문 포함), 세금 정산, 기저귀 갈기, 수유, 이유식 만들기, 이유식 먹이기. 각각의 일마다 걸리는 시간과 노동량이 같지는 않지만 가능한 한 비슷한 단위로 나누었다. 그렇게 한 달 동안은 꼼꼼히 기록하는 데 집중했다. 기록은 내가 주로 담당했다. 데이터 수집까지 내가 맡은 것 역시 불공정한 가사노동 분담이라고 생각하면서. 나는 이를 악물었다.

드디어 한 달 뒤, 데이터를 합산하고 정리해서 살펴보았다. 결과는 놀라웠다. 우리 둘 다 틀렸다. 내가 집안일의 90퍼센트를 하지도 않았고 남편이 50퍼센트를 하지도 않았다. 내가 70퍼센트를, 남편이 30퍼센트를 하고 있었다. 처음에는 둘 다 결과를 믿지 못했다. 나는 그가 30퍼센트(씩이나) 집안일을 했다는 결과를 인정할 수 없었다. 데이터를 수집한다니까 평소보다 더 신경을 썼겠지. 관찰된다는 의식이 조사대상자의 행위에 영향을 미친다는 사실은 인류학, 아니 사회과학 방법론에서 기본적인 상식이다. 우리는 자료 수집 기간으로 한 달은 너무 짧았다는 데 동의하고 석 달 치의 데이터를 더 모으기로 합의했다. 석 달 뒤에는 결과를 깨끗이 받아들이기로 약속하면서.

그러나 석 달 뒤에도 결과는 같았다. 내가 70퍼센트, 남편이 30퍼센트를 하고 있었다. 우리는 관정을 받아들여야 했다. 내게도 남편에게도 충격이었다. 나는 진심으로 내가 집안일 대부분을 하고 있다고 생각했다. 남편도 적잖은 충격을 받은 모양이었다. 정말 자신이 집안일의 딱 절반을 하고 있다고 생각했으므로. 그때 깨달았다. 사람은 아는 만큼만 본다. 나는 내가 주로 담당한 일만큼은 확실히 했다. 하지만 집안일 목록 중에는 내가 크게 관심을 두지 않는 항목도 많았다. 이를테면 나는 위생 감각에 대한 역치가 낮은 편이라 주변이 더러워도 크게 개의치 않는다. 사실 몇 달을 청소하지 않고 살 수도 있다. 더러움이 눈에 보이지 않는 것이다. 하지만 물건이 너저분하게 있는 상태는 그대로 두지 못한다. 반면 남편은 정리 안 된 물건들은 상관없지만 더러운 상태는 참지 못한다. 다시 말해 내 시야 밖의 일들을 남편이 도맡고 있었다는 사실을, 남편이 하는 일에 들이는 노동량을 내가 인지하지 못한 것이다.

그 뒤 남편은 눈에 띄게 집안일을 더 하기 시작했다. 그동안 해왔던 30퍼센트의 두 배를 해야 절반이 겨우 넘으니 말이다. 나는 이 문제에 더 이상 신경을 끄기로 했다. 그때 빼곡하게 적어 정리한 석 달 치 가사노동 데이터를 보관해 놓지 않은 게 후회된다. 지금 보면 제법 웃길 텐데. 당시에는 세상 심각했지만.

왜 그렇게 심각했을까? 우리는 모든 일을 인원수대로 동일하게 나누어서 하지 않는다. 누군가가 조금 더 할 수도 있고, 조금 덜 할 수도 있다. 아니, 아예 한 사람이 특정 일을 전담할 수도 있다. 그러면 다른 사람은 그 일을 하지 않아도 된다. 학부생 시절, 발굴 현장에 가면 1학년생에게는 무조건 큰 삽을 쥐여주었다. 그러면 유물이나 유구가 나오는 곳 근처에는 가보지도 못하고 그 안에서 선배들이 판 흙을 수레에 실어 멀리 버리고 오는 일만 해야 했다. 그때는 매일같이 그 일을 하면서도 불만이 쌓이거나 화가 나지 않았다. 뭔가 중요한 일을 하고 있다고 생각했기 때문이다.

내가 집안일의 90퍼센트를 (한다고 생각)하면서 화가 났던 이유는 내가 90퍼센트를 해서가 아니라, '집안일'을 하고 있어서였다. 집안일을 하찮게 여겼기 때문에, 그런 하찮은 일을 내가 도맡았다는 생각 때문에 화가 났던 것이다.

집안일은 하찮은 일이었다. 어린 시절부터 집안일은 엄마가 하는 일, 가정주부가 하는 일이라고 생각했다. 직장생활, 학교생활로 바쁜 가족들과 달리 엄마는 집에만 있으니까, 집안일을 모두 맡는 게 당연하다고 생각했다. 엄마는 내게 웬만한 집안일은 시키지 않았다. '해도 표가 나지 않는 일' '하나 마나 한 일'이니까 너는 하지 말라고 가르쳤다. 그럴 시간에 공부나 피아노 연습을 더 하라고.

나는 그렇게 '집에만 있는' 엄마를 보면서 절대 저렇게 되지 않겠다고 다짐하면서 컸다. 자신의 수고를 아무도 알아주지 않는, 보수도, 명예도, 권력도 따르지 않는 일을 하는 가정주부가 되어서는 절대 안 된다고. 매일매일, 하루 종일 하찮은 일을 하는 사람이니까.

집안일은 내게 여전히 하찮은 일처럼 느껴진다. 하지만 반드시 해야만 하는 일이다. 동물도 자신이 사는 공간을 깨끗이 관리하고 정돈한다. 개는 여간해서는 자신의 공간에 똥오줌을 누지 않는다. 우리는 일하는 공간을 건물 관리인에게 맡기고 공공이 함께 쓰는 공간은 환경미화원에게 맡긴다. 그들에게는 일정한 보수와 복지 혜택이 따른다. 그러나 오랫동안 거주지 관리와 가족들의 생활 관리 전반을 통째로 맡아온 가정주부에게는 가시적인 보수가 별도로 주어지지 않았다. 가정주부는 한동안 모든 여성의 직업이었다.

집 밖과 집 안이 분리되고, 공과 사가 분리되고, 분리된 공간을 이분된 성별에 따라 전자는 남성이, 후자는 여성이 떠맡기 시작한 역사가 언제부터 시작되었는지는 모른다. 그러나 맞벌이가 늘면서, 코비드 19를 지나면서, 대면과 비대면 생활이 어우러지면서 둘을 가르는 벽에 균열이 생기기 시작한 것은 틀림없다. 함께 사는 공간을 관리하는 귀찮고 하찮은 (그러나 하지 않으면 안 되는) 일은 함께하면 조금씩 괜찮아진다.

아기 낳기 좋은 때

"아기를 언제 낳는 게 제일 좋을까요?" 커리어의 문턱에 선 후배들이 가끔 내게 묻는다. 나는 되묻는다. "언제가 좋다고 생각해요?" 그러면 고민한 흔적이 엿보이는 대답들이 들려온다. "대학원 과정을 수료한 다음, 학위 논문을 쓸 때 낳으면 시간이 자유로우니까 좋을 것 같아요." "대학에서 직장을 잡은 후에 조교수 시기에 낳으면 'stop the clock(테뉴어 심사에서 평가하지 않는 1년을 넣어주는 제도)'을 받을 수 있으니까 좋지 않을까요." "테뉴어까지 받고 편한 마음으로 부교수 시기에 낳는 게…."

그러니까 '아기를 언제 낳는 게 좋을까요?'라는 질문은 '아기를 언제 낳아야 경력 단절이 없을까요?'라는 뜻이다. 대체로 대학원 과정을 마치고 학위 논문 쓸 때가 좋다고들 생각한다. 조용히 앉아 논문만 쓰면 되니까 훨씬 여유로울 거라고 추측하면서. 그러나 근무시간 같은 제약이 없으면 결국 여유 시간과 관심을 온통 아기에게만 쏟게 되므로 논문을 제시간에 마치기 어려워진다. 최악의 경우 영영 끝내지 못할 수도 있다. 커리어 진입로 자체가 막히는 것이다.

안정된 직장을 잡을 때까지 출산을 미루는 사람도 많다. 신임 교수 환영회나 오리엔테이션에 가면 임신한 교수를 심심치 않게 만난다. 과거에는 임신 사실이나 출산 계획을 취업 면접 때 밝히느냐 마느냐로 고민하는 사람들이 있었지만, 적어도 이곳 캘리포니아 대학교에서는 임신과 출산이 채용 여부에 영향을 미쳐서는 안 되기 때문에 그 문제로 고민할 필요는 없다. 조교수 시기에 아기를 낳으면 출산휴가와 육아휴직을 받을 수 있다는 장점이 있다. 그런데 휴직이 끝난다고 육아가 끝나는 것이 아니라는 사실을 많이들 간과하곤 한다. 수많은 동물 중 단연 가장 손이 많이 가는 아기를 낳는 종이 바로 호모사피엔스다. 계속 시간에 쫓기다 연구 주제를 아예 바꿔야 하는 일이 생기기도 하는데 그러다 테뉴어를 제때 못 받을 수도 있다. 내가 소속된 학교에서는 테뉴어 심사 시기를 미룰 수 있지만, 출산으로 해오던 연구 과제를 지속하기가 어려워지는 케이스도 많고, 그러면 꼼짝없이 테뉴어를 받기 전에 커리어가 중단되는 상황이 발생한다.

테뉴어까지 받은 뒤 커리어를 안정 궤도에 올려놓고 출산하기로 계획한다면? 아무리 빨라도 박사 과정까지 마치면 대체로 30대가 된다. 문제없이 순조롭게 조교수와 테뉴어 과정까지 마치고 부교수가 되면, 이미 40대 초입이다. 임신을 하고 싶어도 뜻대로 할 수 없는 나이다. 난임으로 마음고생은 고생대로 하면서 인공수정이나 입양 등을 고민하며 막대한 시간과 비용을 쓰게 될 가능성이 크다. 어찌저찌 임신에 성공해도, 노산에 따른 마음고생 몸고생이 출산까지 이어진다. 임신과 출산을 순탄하게 마쳤다 치자. 그것은 끝이 아니라 시작이다. 아기를 돌보는 일에는 임신과 출산 과정보다 훨씬 막대한 시간과 노력이 투입된다. 일단 신체적으로 너무나 힘들어지기 때문에 다른 일에 쓸 여력이 전혀 생기지 않는다. 결론은 분명하다. 여성으로서 커리어를 생각한다면, 아기 낳기에 특별히 좋을 때란 없다. 언제 낳아도 죽도록 힘들다.

그런데 이 결론은 잘못된 전제를 깔고 있다. 아기를 낳고 기르는 일이 온전히 여자의 몫, 엄마의 몫이라는 전제다. 당연히 여자의 몫이지! 아이는 그냥 낳으면 된다고 생각하는 사람들이 있을지 모르겠다. 출산은 인간의 본능이자 자연의 섭리라고, 이것저것 재면서 아이를 낳을지 말지 하는 고민 자체가 자연의 섭리를 거스르는 것이라고, 가타부타 생각 말고 애는 그냥 낳아야지, 이래서 여자들은 교육받으면 안 되고, 커리어다 뭐다 생각하도록 두어서는 안 되며, 경제적으로 힘을 키우면 안 된다고 생각할 테지. 하나하나 전부 따지면 못 한다고, 요즘 여자들은 이래서 문제라고 혀를 쯧쯧 차는 사람들이 모르긴 몰라도 적지 않으리라.

탄생과 성장, 생식은 생물학에서 정해진 순서다. 사람들은 태어나는 일, 자라는 일, 성장과 2차 성징 모두 우리가 어찌할 수 없는 일이라고 생각한다. 과거에는 '자연적인' 순리라고 했고, 유전학이 최고의 과학 자리를 꿰찬 다음에는 '유전자에 새겨진' 순서라고 했다. 따라서 성장과 2차 성징을 마친 다음 '아기를 낳는' 건 당연한 순서라고들 여기게 되었다. 현대의 산업사회와 왜곡된 페미니즘이 이 마땅한 순서를 거스르고 있다고 생각하는 사람도 많다. 과연 우리는 본능이 시키는 대로 아기를 낳아야만 하는 것일까? 그것이 정말 '자연의 순리'일까? 아기를 낳지 않는 건 자연스럽지 않고, 본능을 거스르는 짓일까?

여자가 임신과 출산, 육아의 책임을 모두 떠안는 흐름은 의외로 최근 일부 사회에서만 벌어진 일이다. 인류가 진화하는 대부분의 기간 동안 임신, 출산, 육아는 비교적 최근까지도 많은 문화에서 공동체 구성원이 모두 분담한 일이었다. 갓난아이의 육아 상황을 관찰해 보니 막상 엄마가 아기를 직접 안고 있는 시간은 하루에 몇 시간이 되지 않고, 매일 열 명 이상이 돌아가며 아이를 돌보았다는 유명한 연구 결과가 있다. 아기를 낳은 아내의 남편뿐 아니라 할머니, 할아버지, 이모, 삼촌, 언니, 오빠 등 아기는 공동체에 속한 다양한 사람의 손에 맡겨졌다.

동물 세계에서 암컷은 환경에 따라 생식 여부를 결정한다. 임신하기 전에 먼저 태어난 새끼가 살아남을 수 있는 환경인지를 판단한다. 출산과 육아에 적절하지 않은 환경이라면 새끼를 갖지 않는다. 알을 낳지 않는다. 출산하더라도 새끼를 죽이거나 알을 깬다. 모성이 잔혹해서가 아니다. 북반구 중위도 지역에서는 가을에 태어나는 아기가 많은데, 이는 겨울에 할 일이 없어서 섹스를 더 많이 하기 때문이 아니다. 임신 가능성은 1년 내내 비슷하게 유지되지만 자연유산 가능성은 계절에 따라 조금씩 차이를 보이는데, 아기가 태어나 먹을 모유를 위해서는 모체가 영양을 풍부하게 섭취할 수 있는 계절이 생존에 유리하기 때문이다. 그 결과로 가을에 특히 출생률이 높아지는 것이다.

매년 혹은 한 해 걸러 아이를 낳고 한 집에 열 명씩 아기를 낳던 시대도 있었다. 내 세대의 바로 윗세대, 불과 3,4세대 전만 해도 그런 집이 많았다. 이는 옛날 사람들이 유독 자연의 섭리대로 본능에 충실했기 때문이 아니라 그때는 사람이 곧 집안의 재산이었기 때문이다. 노동 집약적인 농경 사회에서는 노동인구가 많을수록 재산 증식에 유리했다. 암살과 반역 위험에 항상 노출되어 있었던 군주가 가능한 한 많은 자손을 두려 했던 것도 같은 이유에서다. 이들에게 많은 자손이란 자연적인 본능의 결과가 아니라 오늘날 사람들이 미래를 위해 전문 지식을 습득하거나 자격증을 취득하거나 주식에 투자하는 것과 같은 일종의 전략이었다.

그러니까 번식과 출산은 종의 생존을 건 숭고한 일 혹은 자연스러운 본능의 명령이 아니라 최선의 미래를 생각해 내린 판단의 결과다. 현재 상황과 미래의 전망을 재고 따진 결과라고 보아야 한다. 전 세계의 주목을 받고 있는 한국의 저출생 현상을 초래한 범인이 있다면 그건 본능을 거스르고 이기적인 선택을 하는 여성이 아니라 아기를 낳아 기르기에 적합하지 않은 환경을 만들어낸 우리 사회일 것이다.

나는 교수가 되어 테뉴어까지 받은 다음 아이를 낳았다. 커리어를 어느 정도 안정권에 올려놓은 상태였기에 재취업 걱정을 덜 수 있었고, 출산휴가 3개월을 마치고 바로 복귀했다. 어떤 이들은 내 이력서를 보면서 순탄한 경력을 쌓아왔다고 생각할지 모른다. 나는 평균보다 여유로운 경제적 여건에서 평균보다 육아에 헌신적인 배우자와 함께했지만 그럼에도 불구하고 남편보다는 내가 육아에 더 많은 시간을 쏟았다. 적어도 딸이 학교에 입학하는 다섯 살까지는 그랬다. 결국 그동안에는 연구 주제가 나의 최우선 과제가 되지 못했다.

10년이 지나고 보니 같은 해 같은 학교에서 같은 직급의 조교수로 경력을 시작한 남자 동료 교수보다 내 경력이 6-7년 뒤처져 있다는 걸 깨달았다. 휴직은 단 3개월뿐이었지만 6-7년의 경력 지연이 발생한 셈이다. 여성의 출산과 육아에 관해 가장 처우가 좋기로 잘 알려진 캘리포니아의 대학교수직이 이 정도니, 다른 직종의 여성들이 겪을 경력 단절의 고통은 상상도 할 수 없을 따름이다. 내 경험으로 미루어볼 때 여성의 경력 지속성을 보장해 주지 않는다면, 아기가 나온 다음 엄마의 삶에 확신을 줄 수 없다면 저출생 해결은 요원한 일이다. 모성 본능이란 없다.

월급쟁이 교수

"안됐어. 그에게는 월급밖에 없는데."

미국의 문학가 월리스 스테그너Wallace Stegner의 자전적 소설 〈안전으로 넘어가기Crossing Over to Safety〉에 등장하는 장면으로, 품위 있는 집에서 우아하게 생활하는 교수가 어려움에 처한 동료 교수에 대해 이야기하며 내뱉은 말이다. 그의 눈에 월급으로 사는 사람들은 모두 딱한 사람들이었다. 교수라면 응당 누리고 갖춰야 할 품위를 월급만으로는 유지할 수 없기 때문이다. 미국에서 대학교수는 오랫동안 부유한 계급의 백인 남성이 독점한 직종이었다. 이들에게 월급은 의미가 없었다. 먹고 생활할 돈은 다른 곳에서, 그들이 속한 계급에 따라오는 재원에서 조달했다. 그들이 가르치는 대학생들 역시 마찬가지였다. 상아탑은 순백색이었다. 다행히 대학의 문이 넓어지면서 점차 다양한 사람들이 캠퍼스를 채우게 되었다. 그러나 다양해진 학생들과 달리 교수 집단은 여전히 하얀 상아탑에 가깝다.

지난 수십 년간의 여러 노력으로 이제야 여성과 소수민족 교수가 어느 정도 일정 수를 차지하게 되었고, 현재도 넌바이너리, 장애인 등 다양성의 저변이 계속해서 확대되고 있다. 그럼에도 불구하고 대다수 대학에서 여성 교수의 비율은 절반에 한참 못 미치고, 그나마도 조교수와 부교수 직위에 한정된다. 여성 정교수 비율은 20-30퍼센트 정도다. 여성 교수가 대거 임용되기 시작한 지 얼마 되지 않았기 때문에 시간이 흐르면 차례로 승진 절차를 따라 여성 정교수가 늘어나리라는 관측은 몇십 년째 그대로다

과거에는 조교수급에 몰려 있는 여성 교수의 분포를 매우 고무적인 현상이라고 해석했다. 비록 정교수진어 여성 비율이 적지만 정교수는 어떻게 보면 은퇴를 앞둔 노년층 교수이기도 하므로 이들이 대거 은퇴하면 조교수가 부교수가 되고, 다시 정교수가 되는 순차적인 승진 가도를 따라 그 빈자리를 여성을 포함한 다양한 정체성을 가진 교수들이 채울 것이라는 전망이었다.

막상 펼쳐진 현실은 예상과 달랐다. 여전히 조교수 직급에 여성 교수들이 가장 많다. 부교수와 정교수 직급의 여성 비율도 거의 그대로다. 일단 조교수급에 진입하면 그다음부터는 쭉 정해진 길로 퍼져 나가리라는 전망이 틀린 것이다. 조교수 직급으로 시작해 도

중에 그만두는 경우, 조교수로 시작해 테뉴어를 받아 부교수까지는 되었으나 정교수로 승진하지 못하고 정체되는 경우 둘 다 적지 않다. 여전히 여성 정교수 비율은 기대치보다 매우 적다.

여성 교수가 커리어에서 중도 탈락하는 데 심사 과정의 불리함이 작용한다는 의견도 있다. 일전에 내가 속한 학교의 여교수회 장직을 맡아 교수직의 인사고과를 담당하는 부서장을 여교수회에 초청해 의견을 나누는 자리를 마련한 적 있다. 우리는 여성 교수진 현황 자료를 함께 보면서 질의응답 시간을 가졌다. 해당 인사고과 부서는 교수의 임용과 테뉴어 제공 등 정기적으로 인사 관련 자료를 발표하고 현직 교수의 성별 분포, 소수민족 분포 자료 등을 정리한다.

"우리 학교는 인사 과정에서 여성 교수를 차별하지 않습니다. 승진 심사에 서류를 올린 여성 교수의 95퍼센트 이상이 승진 심사를 성공적으로 통과했습니다. 대조적으로 남성 교수의 승진 심사 통과율은 80퍼센트 남짓입니다. 다른 학교는 모르겠지만 적어도 우리 학교에는 성차별이 없습니다."

인사 부서장은 자랑스럽다는 듯 발표했다. 물론 거짓은 아닐 것이다. 그러나 그 자리의 모든 이가 화면 속 발표 자료를 보면서 고개를 갸우뚱했다. 우리 학교에는 성별에 따른 불이익이 없다는 결론에 사회학과 교수가 바로 반론을 제기했다. "여성 교수들의 승진 심사 통과율이 높은 이유는 여성 교수들이 지나치게 조심하기 때문입니다. 완전히 확실하지 않은 한 아예 서류를 올리지 않기 때문이죠. 반면 남성 교수들은 연구 실적이 좀 부족하다 싶어도 리스크를 무릅쓰고 서류를 올립니다. 여성 교수에게 더 엄격한 잣대를 요구해 온 역사가 여기에 영향을 미치고 있습니다."

인사고과를 아무리 공정하게 진행해도 여성 교수에게는 자기 검열이라는 크나큰 장애물이 있는 것이다. 어느 정도 일리가 있는 말이다. 내가 학장실에 있을 때, 승진 심사에 올라가는 300건 이상의 모든 서류를 검토했다. 그때 '뭐야, 이 정도 연구 실적으로 승진을 하겠다고?' 싶은 생각을 하게 하는 서류는 항상 남성 교수의 것이었다. 그 서류들에서 나는 분명한 흐름을 보았다. 사람들은 다양하게 자신을 평가하고 표현한다. 100을 가지고 있는데 50만 가진 것처럼 행동하는 사람이 있는가 하면, 50뿐이면서 100을 가진 것처럼 행동하는 사람이 있다. 인사고과에서는 100을 가진 것처럼 행동하는 사람이 승진한다. 사람들은 흔히 자신의 성과를 부풀리는 사람이 주제넘는 자리에 가면 금세 깜냥이 드러나 '폭망'할 거라고 생각한다. 틀린 생각이다. 자리가 사람을 만들기에, 대체로는 그럭저럭해 낸다.

나 역시 테뉴어를 받고 부교수가 된 다음 오랫동안 정교수로 승진을 시도하지 않았다. 스스로 승진을 원하지 않는다고 생각했다.

"서류 챙겨서 올리기도 귀찮고, 정교수가 된다고 해도 크게 달라지는 것도 없는데 뭐 하러? 테뉴어 받았으면 됐지, 뭐. 소소한 행복이나 챙길래. 부교수 다음은 정교수라고 당연하듯 정해두고 닦달하는 문화 자체가 폭력이라고. 남이야 승진을 하든 말든!" 부교수로 은퇴해도 충분하다고, 나중에는 아무도 개의치 않을 직급에 연연해서 사서 스트레스 받지 말자고 스스로를 다독였다. 마음 한구석의 압박감을 애써 외면하면서.

그러다 우연히 친구이자 동료의 조언을 듣고 생각을 바꾸게 되었다. 친구는 내 연구가 얼마나 뛰어난지, 나보다 훨씬 못한 실적으로도 승진 심사에 서류를 올리는 사람들이 얼마나 많은지를 열정적으로 설명했다. 실은 나도 이미 알고 있는 사실이었고 나 역시 동료 여교수의 승진을 설득하고 응원하며 같은 이야기를 몇 번이나 반복했더랬다. 그런데 막상 내가 그 처지가 되니 마음이 한없이 작아졌다. 나는 순간 찬물 세례를 받기라도 한 것처럼 퍼뜩 정신이 들었다. 이 깨달음은 승진 심사 서류를 올려야겠다는 다짐으로 이어졌다. 나는 곧 정교수로 승진했다. 막상 정교수가 되니 뛸 듯이 기뻤다. 내가 왜 승진을 원하지 않는다고 생각했는지 모르겠다. 승진하지 못할까 봐 지레 먼저 거부했는지도 모른다. 내가 일하는 대학교에서 부교수 상태로 정년을 맞는 교수들은 대부분 스스로 승진을 원하지 않았다고 이야기한다. 물론 여성이 더 많다.

2018년에 노벨물리학상을 수상한 도나 스트리클런드Donna Strickland는 60세가 다 되도록 부교수였다. 그는 자신이 정교수가 아닌 이유를 이렇게 설명했다. "그저 승진 신청 서류를 올리지 않은 것뿐이에요." 그러고는 노벨상을 받은 후 바로 정교수로 승진했다. 부교수에서 정교수로의 승진은 노벨상을 받아야 할 만큼 엄청나게 높은 문턱이 아니다.

왜 승진 신청 서류를 올리지 않을까? 내놓을 성과가 없다고 생각해 서류를 올리지 않았을 수도 있다. 제 업적을 과소평가하는 거다. 임용, 승진 등 인사 문제에서 자신의 능력이나 실적이 실제보다 못하다고 생각하는 사람들의 비율도 여성이 더 많다. 겸손한 태도일 수도 있으나 여성에게 더 강요되는 사회화의 결과이기도 하다. 그저 승진을 원하지 않는 거라고 자신을 합리화하고, 알아서 기면서 자신의 성과를 과소평가하고, 온갖 잡일과 걸림돌에 치이는 현상이 모두 여성에게 더 많이 나타난다. 아시아인에게도 마찬가지다. 나는 아시아인이자 여성이다. 나 역시 이 경향성에서 벗어나지 못했다. 스스로를 과소평가하고, 일찌감치 나의 한계를 정했다.

나는 한국이나 일본에서 나고 자란 여성으로 미국 대학교에 자리를 잡고 싶어 하는 사람들에게 '내가 실제로 가진 것의 1.5배를 가졌다'는 생각으로 행동하라고 조언한다. 이 조언은 물론 내게도 적용된다. 주기적으로 이것을 새기지 않으면 어느새 마음이 스멀스멀 쪼그라든다. 물론 말처럼 쉽지는 않다.

한번은 어떤 자리에 지원해 면접을 치렀다. 예상했던 대로 첫 질문은 "당신이 왜 이 자리에 적합한지, 실적 위주로 설명하시오"였다. 나는 그동안 다른 사람들, 특히 아시아인 여성 교수들에게 늘 경계하라고, 극복하라고, 절대 하지 말라고 일렀던 일을 그대로 했다. 내 성과를 이루는 데 사실 다른 사람들의 도움을 얼마나 많이 받았는지, 그마저도 내가 얼마나 부족하고 또 이루지 못한 부분이 얼마나 많은지에 초점을 맞춰 이야기했다. 하지 말라는 일을 1부터 10까지 전부 다 하고 있는 내 자신이 믿기지 않았다. 거의 유체이탈을 경험하는 기분이었다. 나는 인사평가 과정에서 아시아인 여성은 100을 이루어도 50 정도로 포장하는 반면, 백인 남성은 50을 이루어도 100으로 포장하는 상황을 수없이 보아왔다. 심지어 본인이 이루지 않은 성과까지 자신의 업적으로 말하는 경우도 많았다. 그 물에서 살아남으려면 게임의 규칙을 잘 알고 따라야 한다. 그런데 머리로 아는 것은 소용이 없었다. 긴장된 상황에서 나는 파블로프의 개처럼 내게 너무나도 익숙한 유교 문화로 되돌아갔다. 당연히 심사에서 떨어졌다. 자괴감에 빠져 멘토에게 이 경험을 털어놓았다. 멘토의 조언은 간단했다. "다음에는 미리 나랑 연습하고 면접해. 몸이 안 따르니까 연습해야지." 맞는 말이었다.

그동안 지워진 사람들의 목소리를 들으려면 일단 그 목소리를 내는 사람이 많아져야 한다. 소수민족 여성으로 미국에서 체화한 경험은 고인류학 연구실에서, 학생들을 가르치는 강의실에서 꼭 들려주어야 하는 목소리가 되었다. 들리지 않던 목소리가 들리면 처음에는 낯설고 불편할 수 있다. 그렇기 때문에 더 자주 들어야 하고 자주 들려주어야 한다.

미국에서는 아시아인 여성이 결정권을 가진 자리에 오르는 일이 아직도 드문 편이다. (점점 많아지는 추세는 물론 기쁜 일이다.) 내가 학과장이 되었을 때도 '최초의 다시아인이자 최초의 여성'이라는 꼬리표가 붙었다. 그다음에 맡은 부학장 보직 역시 대대로 백인 남성이 차지하던 자리였다. 내 후임 학과장, 후임 부학장 모두 소수민족 여성이 맡았다. 내가 임용하지는 않았지만 내가 물꼬를 튼 모양새다. 괜히 으쓱해진다.

아직도 몇몇은 내 이름만 보고 남성일 거라 가정한다. 아무런 정보 없이 나를 처음 마주한 사람들은 으레 키 서일 것이라 짐작한다. 내 이름의 철자를 틀려놓고도 전혀 미안해하지 않는다. 차이코프스키의 철자를 틀리고서는 분명 창피해할 사람들이 말이다. 그 선입견을 조금이나마 깰 수 있는 자리에 있어 다행이다.

19세기의 귀족들만 모아서 백색 상아탑으로 머물고 싶어 하는 대학교를 20세기로 끌어낸 사람들 중에는 월급으로 살아가는 다양한 얼굴의 교수도 있었다. 나도 그중 하나다.

이류상희 되기

내 이름은 이상희다. 한국에서는 흔히 볼 수 있는 구조의 이름이다. 첫 글자는 성, 다음 두 글자는 이름이고 두 글자 중 하나는 항렬의 돌림자를 따랐다. 실상 나에게 주어진 진짜 이름은 한 글자뿐인 셈이다. 이 작명법은 내가 태어나고 자란 시대의 문화였다. 딸에게는 항렬 돌림자를 붙이지 않고 족보에도 올리지 않다가 결혼하면 그 사위의 이름을 올리는 집도 많았다. 여자는 남편을 통해서만 비로소 사람대접을 받을 수 있었던 것이다.

딸인 내게 아들에게나 붙이는 항렬자를 주고 족보에까지 내 이름을 올렸던 아버지를 당시 보기 드물게 깨어 있는 사람으로 생각했던 적도 있다. 나의 큰 착각이었다. 아버지는 그저 내가 아들이기를 오매불망 바랐고, 그 염원이 컸던 만큼 아들이 아닌 나를

볼 때마다 크게 실망했을 뿐이다

아버지에게 물려받은 성을 바꾸는 건 유교 문화에서 엄청난 잘못이었다. "내가 다시 술을 마시면 성을 간다!" 성을 내놓고 하는 다짐은 거의 목숨을 건 다짐처럼 비장했다. 일제강점기에 창씨개명을 하느니 차라리 목숨을 끊은 사례도 닮다. 고등학생 시절 선생님은 '구미에서는 결혼하면 아내가 남편을 따라 성을 바꾼다'는 이야기를 하면서 야만스러운 문화라고 혀를 찼다. 결혼을 하더라도 성을 바꾸지 않는 한국의 문화는 그만큼 가문을 중시하는 문화이며 여자의 성이라고 함부로 하지 않는, 여성을 존중하는 훌륭한 문화라고 한껏 콧대를 높였다. 나는 그 말을 믿지 않았다.

'한번 시집가면 죽어도 그 집 귀신'이라는 저주 아닌 저주를 받고, 실제로 죽으면 남편의 가문 묘지에 묻혀야 하는 신세를 과연 존중받는 존재라 할 수 있을까. 결혼으로 단번에 성씨가 다른 사람들과 가족이 되어, 명절과 제사 때마다 며칠 동안이나 부엌에 틀어박혀 이 씨 집안의 죽은 사람과 산 사람을 위한 음식을 반복해 차리고 치우는 모습을 보면서 나는 엄마와 같은 성씨가 되어주고 싶기도, 며칠을 남의 가족 부엌에 처박혀야 하는 엄마의 성씨가 되고 싶지 않기도 했다.

미국에서 유학 생활을 시작하면서 나는 '이'가 아닌 '리$_{Lee}$'가 되었다. 이상희가 아닌 상희 리로 불렸다. 그렇게 미국에서 십수

년을 지내다 결혼했지만 남편을 따라 성을 바꾸지는 않았다. 특별히 내 성을 귀하게 여겨서도, 아버지의 성을 귀하게 여겨서도 아니었다. 복잡해지는 게 싫었을 뿐이다. 이미 교수로, 학자로 자리를 잡아가는 중인데 갑자기 이름이 바뀌면 참고문헌으로 인용할 때 사람들이 헷갈리지 않을까? 공식적으로 이름을 바꾸면 모든 공식 문서에도 이름을 바꾸어야 하는데 일일이 찾아다니며 변경할 일이 귀찮았다.

딸아이가 태어나면서 성 문제를 다시 생각하게 되었다. 나는 남편 성뿐 아니라 내 성도 딸에게 주고 싶었으나 어찌어찌 뜻을 이루지 못했다. 머지않아 아이가 조금 크자 내 성과 딸의 성이 다른 것이 문제가 될 수 있다는 사실을 깨달았다. 당시 출입국 관리소 등 공공기관에서 성이 다른 아이와 여행하는 어른을 수상하게 보는 경우가 종종 있었다. 한국에는 가족관계증명서라는 편리한 서류가 있으나 미국에서는 나와 딸의 관계를 공식적으로 증명하려면 다소 복잡한 절차를 거쳐야 한다. 딸아이의 출생신고서 '어머니'란에 내 이름이 적혀 있지만, 그 이름이 나를 가리킨다는 걸 또 복잡하게 증명해야 한다. 딸과 둘이서 해외여행을 가려고 해도 미심쩍은 시선을 받을 수 있고 가능성은 적지만 미국에 입국하다가 아이를 빼앗기는 위험한 상황에 처할 수도 있는 것이다. 그렇다고 이제 와서 내 성을 바꾸기는 싫었다. 다행히 미국에는 성과 이름 사이에 쓰는 가운데 이름middle name 문화가 있다. 그동안 나는 가운데 이름을 빈 칸으로 남겨두었다. 길게 고민할 것 없이 나는 곧 가운데 이름을 남편 성으로 채워 넣었다. 딸의 성과 나의 가운데 이름이 같아지도록. 그런 딸아이가 어쩌다 한국에서 뒤늦게 출생신고를 하고 여권을 만들게 되었다. 나는 주저 없이 딸의 한국 이름에 내 성을 주었다. 졸지에 이 씨 성을 갖게 된 딸은 의외로 좋아하는 기색이었다. 딸과 같은 성을 쓰게 된 나도 물론 기뻤다.

결혼한 뒤에도 여성이 남편의 성을 따르지 않고 원래 성을 그대로 사용하는 흐름이 최근 미국에서도 강해지고 있다. 결혼 전에 열심히 쌓은 커리어를 통째로 남편(의 집안)에게 가져다 바치는 느낌이 싫다는 사람도, 높아진 이혼율과 함께 이혼과 재혼을 거듭하면서 여자만 성이 복잡해지는 게 싫다는 사람도 있다. 이혼 뒤 재혼해서 남편과 아이는 성이 같은데 자신은 전남편의 성을 그대로 쓰는 경우도 심심치 않게 볼 수 있다. 이제 결혼하지 않은 여성에게 붙이는 '미스', 기혼 여성에게 붙이는 '미세스' 같은 존칭어는 (적어도 캘리포니아에서는) 거의 쓰이지 않으며, 여성은 모두 미즈로 통칭하는 추세다. 여성을 독립적인 존재로 인정해 나가면서 여타 가족 구성원과 성이 다른 여성을 이상하게 여기지 않게 된 것이다.

결혼과 동시에 둘의 성을 하나로 연결해 사용하는 부부도, 아예 새로운 성을 만들어 쓰는 부부도 있다. 한 친구는 부부 각자의 성이 너무 길어서 붙임표(-)로 두 성을 잇는 대신 자신의 성 앞부분과 남편 성의 뒷부분을 이어 붙여 새로운 성을 만들었다고 한다. 부부가 각기 다른 성을 쓰고 아이들에게는 새로 만든 성을 붙여주어 세 개의 성씨를 쓰는 가족이 된 것이다. 한국에서도 아버지와 어머니의 성 두 개를 이름 앞에 붙여 쓰는 사람들이 조금씩 늘어가는 듯 보인다. 그와 같은 작명법을 적용하면 내 이름은 이류상희가 된다.

두 사람의 유전자를 모두 물려받았는데 그중 한쪽으로부터만 성을 물려받는 것이 부당하다고 생각할 수 있다. 그렇다고 부모의 성을 둘 다 따르는 일 역시 조금은 부당하다. 어머니의 성 역시 어머니의 아버지 성만 따른 결과이기 때문이다. 아버지의 성에도 아버지의 어머니 성은 포함되어 있지 않다. 할머니들의 성도 넣어야 하지 않을까? 그렇게 하면 내 이름은 이류김박상희쯤이 된다. 예상했겠지만, 할머니들의 성 역시 할머니의 아버지 성만 따른 결과이므로 그 어머니의 성까지 포함하면, 성씨는 나를 만들어낸 조상들의 수만큼 기하급수적으로 길어진다. 부모와 조부모, 증조부모⋯ 2의 n승으로 늘어나는 사람들 모두가 나의 생물학적인 조상이다.

그러니까 성씨는 생물학적인 조상을 표시하기 위한 도구가 아니다. 그보다는 문화적이고 정치경제적인 개념으로 보아야 할 것이다. 나를 기준으로 내게 유전자를 물려준 생물학적 조상 중 극히 일부만의 사람들을 선택해서 조상으로 인정하고, 그들을 '우리 가족' '우리 가문' 울타리 안으로 들여 재산을 물려받는다. 여성을 조상이나 후손으로 인정하지 않았던 데는 그들에게 재산 상속권을 주지 않겠다는 뜻이 담겨 있었다.

    물론 나와 유전자가 연결된 조상의 성씨 전부를 내 성에 포함하지 않는다고 엄마의 성을 따르는 작업이 무용해지지는 않는다. 여태껏 가족으로 드러나지 않았던 여성의 성을 새로이 호명하는 것 자체로 충분히 큰 의미를 가진다 성에 글자 하나 더 붙인다고 가부장제의 폐해가 당장 눈 녹듯 사라지지는 않겠지만, 이제는 너무나 익숙해진 관습을 새롭게 보고, 문제를 발견하고, 해결해 나가려는 노력으로 이어질 수 있다면 나도 기꺼이 이류상회가 되겠다.

엄마 같은 교수

나는 펜실베이니아에서 1년간 방문교수직을 지내고 캘리포니아의 UC리버사이드에서 본격적인 교수생활을 시작했다. 초기에는 정년을 보장하는 테뉴어 심사를 통과하는 것이 가장 큰 목표였다. 테뉴어 심사에는 연구 성과가 가장 중요했으므로 연구에 매진하면서 강의에도 최선을 다했다. 나는 당시 '인류의 진화' 과목을 맡았다. 내게 무척 익숙한 내용이었고 박사 학위를 받은 지 얼마 되지 않은 조교수로서 최신 연구 동향을 꿰고 있었으므로 따끈따끈한 최신 정보를 최대한 학생들에게 전달하려고 했다. 그러던 어느 날 학생 두어 명이 내 연구실로 찾아왔다. 내 강의를 듣는 학생들을 대표해 왔다고 했다. 두 사람은 강의 때마다 맨 앞자리에 앉아 수업을 듣던 학생들이었다. 둘은 내 강의가 얼마나 재미있는지, 강의를 통해 얼마나 많이 배웠는지를 한참 이야기했다. 그런데 어쩐지 불길했다. 정작 하고 싶은 말은 따로 있는 것처럼 보였다.

과연 칭찬으로 장광설을 늘어놓던 학생 중 한 명이 드디어 작심한 듯 말을 꺼냈다. "그런데… 강의가 너무 빡빡해요. 저희는 교수님이 좀…" 나는 그다음에 이어질 말을 침착하게 기다렸다. "교수님이 좀 더… 엄마 같으면 좋겠어요We just wish you were more… motherly." 그 순간 나는 내 귀를 의심했다. 어찌나 당황했던지 20여 년이 지난 지금도 학생이 내뱉은 그 문장이 또렷이 기억난다. 심장이 쿵쾅거리고 얼굴이 후끈거리는 걸 어찌해 볼 도리가 없어 머리가 새하얘졌지만 나는 애써 농담처럼 쿨하게 대답했다.

"엄마 노릇은 내 딸에게 다하고 있으니까 여기서는 교수만 할게."

학생들이 연구실에서 나간 뒤에도 나는 손끝까지 떨고 있었다. 쿨하게 대처하고 싶었지만 그건 헛된 희망이었다. 그때 내 온몸을 달궈놓은 감정은 분노였다. 학생들이 나를 직접 찾아와 무언가를 요구하는 상황 자체가 내게는 놀라웠다. 나는 권위가 한 방향으로 흐르는 한국의 사제 관계에서 아직 벗어나지 못한 채였다. 미국 대학원을 거치며 교수와 격렬한 논쟁을 벌이기도 하고, 스승과 대등한 입장에 서기를 반복해 훈련받았음에도 그에 앞서 수십 년간 한국에서 학교를 다니며 몸에 익힌 사제 문화를 완전히 떨쳐내지는 못한 것이다. 거기다 내가 대학원 생활을 한 미시간과 이곳 캘리포니아는 또 달랐다. 감히 학생들이 교수의 강의법에 훈수를 두었다는 분노에 더해, '엄마 같은 교수'라는 말은 나를 끝끝내 폭발하게 했다.

수많은 연구 결과로만 보았던 현상이 내게 실제로 일어나다니. 학생들은 여교수가 엄격하면 엄격하다고 불평하고, 다정하면 무르다고 얕본다. 그 시각이 그대로 강의 평가에 드러난다. 교수에게 엄마 같은 친절함을 기대하고 요구하는 학생들은 그 기대에 어긋나는 교수에게는 가차 없는 강의 평가를 날린다. 물론 남자 교수는 엄격하면 엄격하다고 높은 평가를 하고, 친절하면 멋지다며 호평한다. 그것이 그대로 강의 평가로 이어진다.

친한 교수 하나가 으스대며 자랑하던 말이 떠올랐다. "난 강의에 3분 이상 지각하면 강의실에 못 들어오게 하고 세 번 이상 지각하면 가차 없이 F 때려. 그런데도 강의 평가는 좋기만 하던데?" 과연 그는 최우수 강의상을 받았다. 금발에 큰 키, 파란 눈, 학교에서는 편한 청바지 차림만 고집하는 그다. 나 같은 교수가 절대 따라 해서는 안 되는.

교수의 인사고과와 포상 체계 등에 중요한 기준이 되는 강의 평가에 젠더와 인종 편향이 존재한다는 사실은 잘 알려져 있다. 그러나 평가와 포상을 받기도 전에 학교에서 처러야 하는 불필요한 감정 소모는 누구도 보상해 주지 않는다. 끊임없이 자신을 의심하느라, 주눅 드는 감정을 추스르느라 연구와 강의 준비에 쏟아야 할 시간을 감정 노동에 빼앗기고 있는데도 말이다.

이는 몇몇 소수에게만 생기는 문제가 아니다. 여교수회를 포함해 많은 사람이 강의 평가의 편향성과 불공정성에 문제를 제기했다. 학교에서도 이 문제를 해결하기 위해 다양한 노력을 기울였다. 강의 평가 문항을 대폭 수정하고, 강의 평가 외에도 다양한 평가서를 제출할 수 있도록 정책을 수정했다. 강의평가위원회가 2년 넘게 애를 쓴 결과다.

이 결과와는 별개로, 나는 '엄마 같은 교수' 일화를 통해 가르치는 일 자체를 다시 생각하게 되었다. 지금 생각하면 믿기지 않지만, 나는 교수가 가르치는 사람이라고 생각한 적이 없었다. 교수는 연구하는 사람이고 강의는 부수적인 활동이라 여겼다. 1980년대에 한국의 대학교에서 만난 교수, 1990년대에 미국 대학원에서 만난 교수의 모습이 그랬으니까. 교수가 가르치는 직업이라는 걸 미리 알았더라면 교수가 되려고 하지 않았을지도 모른다. 나는 가르치는 일에 자신도 없었고 준비도 되어 있지 않았다.

막상 교수가 되어보니 교수는 덩백히 가르치는 직업이었다. 대학교와 대학원을 다니면서 공부하는 법, 연구하는 법에 대해서는 피눈물 나게 배웠지만 가르치는 법에 대해서는 배우지 못했다. 나는 가르치는 사람으로서 내가 학창 시절에 배운 방식대로 가르칠 수밖에 없었다. 그 방식이란 군사부일체라는 조선시대 사고방식과 군사정부가 이끄는 군대식 사회가 합작해 만들어낸 일방적, 강압적, 주입식 교육이었다. 더구나 나는 '내버려 두어도 알아서 공부해 오는' 모범생이었다. 나라면 이런 선생님을 원하리라는 생각에서, 내가 제일 잘 배웠던 환경을 내 학생들에게 만들어주면 된다고 생각했다.

그래서 나는 가능한 한 많은 양의 지식을 학생들에게 모두 전달하는 것을 목표로 강의에서는 촘촘하게 떠들고 많은 양의 과제를 내주었다. 제출된 과제는 하나하나 꼼꼼하게 평가하며 고쳐야 할 부분을 빼곡하게 체크했다. 학생이 질문하면 답을 해주면서도 그들의 학구열을 조금이라도 더 자극하기 위해 노력했다. 말하자면 한국의 고등학교 수업과 미국의 대학원 수업을 결합한 방식의 강의법이었다. 내가 맡은 강의가 학부생 대상이기는 했지만 내가 한국 대학교에서 받았던 학부 강의를 참고하지는 않았다. 1980년대 후반 내가 경험한 학부생 강의는 교수로서는 그다지 본보기로 삼을 만한 강의가 아니었기 때문이다.

내 강의법은 내가 지겹도록 경험한 강의법이었지만 교육학적으로 효과가 입증된 방법은 아니었다. 지나간 시대의 강의법이었다. 학창 시절 세상에서 공부가 가장 쉬웠고 나중에 교수가 된 사람들에게나 통하던 방법이었다. 이런 사람들은 어떻게 가르치든 공부를 한다. 하지만 오늘날 대다수 학생에게는 통하지 않는 방법이었다. 내가 하나부터 열까지 모두 틀렸다는 생각이 들었다.

인터넷의 발달 이후 가르침과 배움에 대해 근본적으로 다시 생각하자는 움직임이 일었던 것도 사실이다. 과거에는 교수만이 가진 정보가 있었고 교수를 통해서만 그 정보에 접근할 수 있었다. 그러나 이제는 클릭 한 번으로 무한대의 정보를 얻을 수 있는 세상이 되었다.

이제 교수는 독점한 지식과 지혜를 일방적으로 전달하는 사람이 아니라 배우는 사람이 자신의 여정을 찾아가도록 옆에서 돕는 사람에 가까워졌다. '엄마 같은' 교수라는 표현은 유감이지만 저마다 다른 방식으로 배움의 여정을 밟아 나가는 자신 곁에서 코치나 가이드 같은 역할을 해줄 교수를 원하는 학생들이 다가올 새 시대의 주인이었다. 학생들은 그것을 표현하는 데 서툴렀을 뿐이다.

테뉴어를 무사히 받아 연구에만 매달리던 빠듯한 생활에 조금이나마 여유가 생긴 틈을 타 나는 가르치고 배우는 일에 대해, 내 강의법에 대해 진지하게 고민해 보았다. 교수라는 단어는 가르칠 교敎를 첫 자로 쓰지만 솔직히 말하면 나는 내 가장 큰 정체성을 '교육하는 사람'으로 여긴 적이 없다. 대학교수가 되면 연구와 강의에 시간을 절반씩 쓰게 되는데 대학원생 시절 우리는 박사 과정 선배들에게 연구하는 법만을 배웠을 따름이다. 가르치는 일은 알아서 하라는 식이었다. 지금 생각하면 아이러니다. 물론 다 큰 성인을 가르치는 일이니 별다른 교수법이 필요치 않을지 모르고, 저마다 선호하는 혹은 효과적이라 생각하는 교수법이 다를지도 모른다. 나는 강단의 경험을 통해 잘한 부분을 짚어내어 칭찬하고 '못한' 부분이 아니라 '더 나아질 수 있는' 부분에 적극적으로 피드백을 주는 긍정 교육법의 효과와 필요성을 절감했다. 못한 일을 혼내고 다그쳐서 고치는 게 아니라, 잘한 일을 드러내 칭찬하기에서 출발한다. 내게는 완전히 새로운 교육법이었다.

    그러나 벽은 또 있었다. 나는 칭찬에 지극히 인색한 사람이었다. '혼나지 않으면, 따로 지적받지 않으면 잘하고 있는 거다' 싶은 분위기에서 나고 자란 탓인지 나는 의식하지 못한 채 습관적으로 그것을 반복하고 있었다. 학생들의 과제를 채점할 때도 틀린 것 혹은 아쉬운 점만 별도로 언급하거나 지적을 했다.

    나는 틀린 것 혹은 개선할 점을 지적하기 전에 먼저 잘한 부분을 짚어주자고 다짐했다. 쉬운 일은 아니었다. 교수 입장에서 학부생의 과제나 결과물에 만족스러운 부분을 찾기는 하늘의 별 따기였다. 그래도 일단 한번 결심했으니 시간을 더 들여서 열심히 찾아보았다. 칭찬할 결심을 하고 나니 자세히 지켜보게 되었다. 한번 찾기 시작하니 칭찬할 거리가 넘친다는 걸 매번 새롭게 깨닫는다. 엄마 같은 교수는 아니라도, 칭찬하는 교수 정도는 될 수 있지 않을까.

무례한 선의

10년 전의 일이다. "나이가 어떻게 되세요How old are you?"
나는 질문을 듣는 순간 내 귀를 의심했다. 당시 나는 학과를 대표하는 학과장이었고 학과의 교수 자리에 지원한 그는 1차 심사를 통과해 캠퍼스를 방문한 임용 후보자였다. 교수 후보자는 심사받는 동안, 특히 캠퍼스를 방문하는 동안에는 한순간이라도 긴장을 풀 수 없다. 내가 일하는 학교를 포함해 미국의 많은 대학에서 교수 임용 과정을 진행할 때, 공고를 내는 일부터 최종 후보자를 결정하고 임용 조건을 협상하는 순간까지 학과장이 핵심적인 역할을 한다. 그러니까 자신을 심사하는 최종 결정권자와도 같은 내게, 대놓고 나이를 물은 것이다. 미국에서는 사석에서도 나이를 묻는 건 무례한 행동으로 비칠 수 있어 금기시된다. 더구나 공식적인 자리에서는, 자신의 경력에 중대한 결정을 할지도 모르는 상대에게는 절대 하지 말아야 할 질문이다.

나는 좋은 쪽으로 상황을 이끌기 위해, 큰 실수를 한 그에게 만회할 기회를 주자고 마음을 다잡았다. 사람은 누구나 실수를 할 수 있으니까. 나는 그에게 되물었다. "방금 제 나이를 물은 건가요?"

내 나이가 아니라 학교의 나이를 물은 거라고 둘러댄다면 나도 그냥 모른 척 넘어가려고 했다. 그러나 그는 아무렇지 않게 대답했다. "네. 워낙 동안이셔서요. 저는 몇 살로 보이나요?"

내가 대답할 필요 없는 질문이었다. 나는 그의 나이를 알고 있었다. 교수 자리에 지원하며 제출한 서류에 나와 있었으니까. 채용 후보자의 나이에 대한 대화는 까딱하다간 지뢰밭이 될 수 있다. 일반적인 채용 과정에서도 그렇겠지만, 교수 임용 과정에서도 지원자의 나이에 관한 질문은 불법으로 규정된다. 지원자에게 나이를 물어서도, 나이에 대한 어떤 코멘트를 해서도 안 된다. 지원자가 없는 자리에서 교수 회의를 하는 중에라도 지원자의 나이를 거론해서는 안 된다. 잘못하면 인사 과정 자체가 취소될 수 있는 중대한 사안이다. 추후 지원자에게 고소, 고발당할 가능성도 있다. 함정일지 모른다는 생각에 나는 그의 질문에 대답하지 않았다.

그러나 머릿속은 복잡했다. 좋은 뜻으로 한 말이니 그저 좋게 받아들이고 잊어야 할까… 아시아인의 나이를 가늠하기 어려워하는 미국식 편견의 발로인 건가… 내가 과민한 건가… 내가 만만해 보이나… 내가 너무 꼬아 생각하는 건가… 분노의 화살은 그와 나 사이를 쉴 새 없이 오갔다.

여러 단상을 거친 끝에 나는 "지원한 학과의 학과장에게 말과 행동을 조심하지 않는 태도로 미루어 볼 때 교수 임용 과정에 진지하게 임하고 있지 않은 것으로 보인다. 최종 후보로 삼기에 우려되는 부분이 있다"는 의견을 냈다. 물론 정말 내 나이가 궁금했을 수 있다. 학과 교수진의 연령대를 토대로 학과 분위기를 가늠해 볼 수도 있으니까. 하지만 교수진 연령대는 간접적인 방식으로도 충분히 알아낼 수 있다. 학과 홈페이지의 교수진 소개란에 정리된 학위 연도만 보아도 교수의 나이는 쉽게 가늠이 된다. 그런데도 상대를 앞에 두고 대놓고 질문을 하다니. 정말 궁금해서였다면 게으르다고밖에 할 수 없는 태도였고, 칭찬할 의도였다면 21세기 대학교수가 갖춰야 할 기본적인 인권 감수성이 없다는 뜻이었다. 그의 질문을 임용 후보자 자격과 연결 지어 내 자리에서 낼 수 있는 가장 생산적인 답을 낸 셈이다. 솔직히 말하면 나 자신을 위한 대응이기도 했다.

진상은 하나만 하지 않는다고 했던가. 나중에 알고 보니 이 임용 후보자는 캠퍼스 방문 중 대학원생들과 만나는 자리에서도 적절하지 않은 언사로 문제를 일으켜 대학원생들이 이 사람만큼은 절대로 교수로 임용해서는 안 된다며 집단 서명을 했다고 한다. 굳이 내가 의견을 보태지 않아도 탈락할 사람이었던 것이다. 결국 후보군에 있던 다른 후보자가 최종 후보로 결정되었다.

미국에 살다 보면 '선의로 포장된 무례한 말'을 수시로 듣게 된다. "영어를 잘하시네요"라든지 "피부가 좋네요" 같은 말들. 영락없는 칭찬이지만 듣는 입장에서는 어딘가 찝찝하고 탐탁지 않다. '아시아인 치고 영어를 잘하네' '아시아 여자들은 역시 피부가 좋아' 같은 편견이 깔려 있을 가능성이 크기 때문이다.

그때마다 복잡한 생각을 정리하는 노동은 전부 청자의 몫이 된다. 막상 발화자는 무례한 언사라는 건 생각지도 못하고 어쩌면 말을 내뱉는 순간 자신이 그런 말을 했다는 사실조차 까맣게 잊을지도 모른다. 그 자리에서 곧바로 문제를 제기하면 '칭찬을 칭찬으로 받아들이지 못하는 피해망상에 사로잡힌 여자'로 몰리기 십상이고, 그 이후의 감정 노동까지 청자가 떠맡아야 하는 것이 현실이다.

나는 그런 상황을 맞닥뜨릴 때마다 '지금은 참고 넘기지만, 나중에 힘이 생기면 같은 상황에 처한 사람을 어떻게든 돕겠다'고 다짐하곤 했다. 때로는 그런 다짐마저도 비겁하게 느껴질 때가 있었지만.

5년 전에는 한 학과의 교수 간 내부 갈등이 심해져 그 사안이 당시 부학장이었던 나에게까지 전해진 일이 있었다. 이 내부 갈등의 시작점 역시 선의의 언사였다. 학과의 중견 교수가 새로 온 신임 교수의 머리카락을 손으로 쓸며 감탄했다고 한다. "머릿결이 정말 좋으시네요!"

그 말을 들은 신임 교수는 즉시 학과장에게 가서 항의했다. 학과장은 이해하지 못했다. 칭찬으로 건넨 말과 행동인데 너무 과민 반응 하는 것 아니냐는 생각이었다. 그렇게 학과장은 중견 교수의 편에 섰다. 공교롭게도 둘 다 백인 여성이었다. 그런데 풍성한 머릿결을 가진 신임 교수는⋯ 흑인 여성이었다. 흑인의 머리카락에 대한 편견의 오랜 역사를 조금이나마 알고 있다면 하지 말아야 했을 말과 행동이었다. 학과장에게 동의를 얻지 못한 신임 교수는 이 일을 공론화했고 학과 교직원들은 두 편으로 나뉘어 언쟁을 이어갔다.

나는 사정을 듣자마자 백인 중견 교수에게 분노한 신임 교수의 마음을 이해했다. 신임 교수는 부당한 언사에 곧바로 항의할 줄 아는 젊은 세대였다. 집에 돌아가 혼자 이불킥하며 자책하던 나와는 달랐다. 입 다물고 참아 넘기기보다 공론화를 택한다. 상대에게 설명하려는 노력도 굳이 하지 않는다. 내가 왜 불쾌한지를 상대방에게 구구절절 이해시키려는 노력까지 감당하는 것은 부당하다는 생각에서다. 그럴 수 있다.

동시에 칭찬하려는 의도로 한 말에 왜 분노하는지 도무지 이해하지 못하는 학과장의 마음도 헤아릴 수 있었다. 그 사이에서 내가 할 일은 학과장이 신임 교수에게 공감할 수 있도록 돕는 것뿐이었다. 나는 나라도 불쾌했을 거라며 내가 겪어온 무례한 선의에 대한 경험을 나누었다.

"아니, 그런 것까지 신경을 써야 하나요?" 학과장은 탄식했다. "요즘 젊은 사람들한테는 무슨 말을 못 하겠네요. 도대체가 사람 사는 맛이 없어요." 그럴 수 있다. 그런 칭찬의 말에 아무런 반감을 느끼지 않는 사람도 많을 것이다. 하지만 그 말에 불쾌감을 느낀 사람은 결국 자기 전에 이불킥을 하든, 상대에게 분노를 표하든 감정 노동을 치르게 된다고, 그 불필요한 노동을 덜어줄 필요가 있다고 나는 설명했다. 학과장은 조금씩 공감하기 시작했다.

분명 칭찬임에도 들었을 때 어딘가 탐탁지 않은, 묘하게 걸리는 느낌이 든다면 무례한 선의일지 모른다. 누군가는 정색하며 불쾌함을 표현하겠지만 누군가는 그저 웃어넘기고 뒤돌아서 복잡해진 감정을 정리하는 데 시간을 쏟을 것이다. 모두가 조금씩만 세심하게 살피고 배려한다면 세상은 조금 덜 복잡해진다. 무례한 선의는 더 이상 선의가 아니다.

세라 넬슨을 만나다

내게 2018년은 매우 바쁜 해였다. 한국에서 먼저 출간한 《인류의 기원》의 영문판 *Close Encounters with Humankind*를 출간해 미국 여기저기서 강연을 이어가던 때였기 때문이다. 〈뉴욕타임스〉 등지에서 책을 호평해 준 덕분에 미국 전역에서 강연을 요청해 왔다. 그러다 콜로라도주 덴버에서 강연할 일이 생겼다. 덴버에 간다면 꼭 만나고 싶은 사람이 있었다. 이제는 은퇴해 덴버대학교의 명예교수로 있는 세라 넬슨Sarah Milledge Nelson. 나는 강연 일정이 잡히자마자 넬슨 교수에게 내 소개와 함께 꼭 한번 만나고 싶다는 내용의 메일을 정성껏 써서 보냈다.

사라 넬슨(당시에는 '사라' 넬슨이었다)이라는 이름은 대학교 학부생 시절에 처음 접했다. 넬슨 교수는 한국의 고고학을 연구하는 극소수의 외국인 고고학자 중 한 명이었다. 다만 당시 한국에서는 넬슨 교수를 학자라기보다 한국의 고고학을 미국에 알리는 홍보 대사쯤으로 여기고 있었다. 요즘 말로 하자면 학계의 커뮤니케이터랄까. 그의 연구 업적은 그다지 주목받지 못했다. 지금 생각해 보면 서부 유럽의 고고학이나 중국의 고고학을 연구하지 못하니 변방국인 한국의 고고학을 '알리는' 일이나 하는 거 아니겠냐고 얕보는 시각이 기저에 있지 않았나 싶다. 그때 학부 수업에서 지나치듯 보았던 그 이름은 대학교를 졸업하고 대학원을 거쳐 경력을 쌓아가면서 자연히 기억 속에 묻혔다.

연구자로서 나는 고인류학이라는 과학을 하는 데 젠더가 개입할 여지가 없다고 생각했다. 과학은 객관적이고 가치 중립적이므로, 정치적 요소가 개입할 여지를 사전에 완전히 차단해야 한다고 굳게 믿었다. 그런데 우리 학과에 교수로 있던 젠더 고고학의 선구자 웬디 애시모어Wendy Ann Ashmore를 만나고 그 생각을 바꾸게 되었다.

나는 지금 내가 교수로 있는 UC리버사이드에서 어린 학부생들과 함께 애시모어 교수의 '젠더와 고고학' 강의를 들었다. 그때 강의 교재로 사용할 책 목록에 세라 넬슨의 저서가 포함되어 있었다. 처음에는 그 이름을 기억에서 쉽게 꺼내지 못했다. 학부생 시절에는 한글로 쓰인 세라 넬슨만 보았기에 Sarah Nelson과 그 이름을 연결하지 못했고, 한국 고고학이 아닌 젠더 고고학 교재였으므로 둘을 연관시킬 생각을 전혀 하지 못했다. 그런데 묘하게 익숙하다 싶어 기억을 더듬다 그 두 이름이 같은 사람을 지칭할 수도 있겠다고 의심하기 시작했다. 한국 고고학 연구자가 젠더 고고학을 대표하는 책을 썼을 리 만무하다고 여기면서도, 찾아보니 아니나 다를까 한국의 신석기 문화, 한국의 빗살무늬토기를 연구한 바로 그 세라 넬슨이었다. 믿기지 않았다.

넬슨 교수는 나처럼 미시간대학교에서 박사 학위를 취득해 덴버대학교에서 인류학과 교수로 일하고 있었다. 대학원 동문이라니, 반가운 마음이 배가되었다. 그러고는 다시 몇 년이 흘러서야 덴버에서 넬슨 교수를 만날 기회를 얻은 것이다. 나는 꼭 그를 만나고 싶었다. 그의 이야기를 듣고 싶었다.

넬슨 교수는 흔쾌히 만남을 허락했다. 심지어 덴버에 있는 동안 자기 집에서 묵으라는 호의까지 베풀었다. 물론 나는 묵을 숙소를 이미 준비해 두었던 터라 감사한 마음으로 정중히 사양했다. 지금은 후회한다. 얼굴에 철판을 깔고서라도 폐를 끼칠걸. 조금이라도 더 시간을 함께 보낼걸. 넬슨 교수는 그러면 집에서 함께 점심을 먹자는 초대를 보내왔다. 떨리는 마음으로 그가 알려준 주소지를 찾았다. 대학 인근의 은퇴한 교수들이 많이 사는 주택가였다. 나는 마침내 그의 집에서 그를 마주했다.

의사 집안의 유복한 가정에서 태어나고 자란 넬슨 교수는 의사 남편을 따라 우연히 아시아를 찾았다가 한국의 빗살무늬토기에 매료되어 늦은 나이에 대학원에 진학했다. 40대에 한국의 빗살무늬토기를 주제로 한 논문으로 박사 학위를 취득했다. 그렇지만 그의 연구 인생을 전격적으로 바꾼 것은 빗살무늬토기가 아니라 그가 박사 학위를 딴 1973년에 경주에서 발굴된 신라시대 고분 황남대총이었다. 황남대총은 지금껏 발굴된 신라시대 고분 중 가장 큰 규모로 북분과 남분으로 구성되어 있다. 이 고분의 주인이 누구인지가 당시 학계의 주요한 연구 대상이었다. 왕과 왕비의 무덤이라는 주장이 주류였지만 왕비의 무덤이 더 큰 데다 금관까지 출토되어 논쟁이 격렬해졌다. 왕비의 무덤에서 더 화려한 껴묻거리가 발굴되었다는 사실은 한국 고고학계에 큰 논쟁을 불러왔다. 금관이 발굴된 무덤이 왕비의 무덤이 아니라 왕의 아버지 무덤이라고 주장한 이도 있었다. 넬슨 교수는 더 화려한 무덤이 여성의 무덤이었을 리가 없다는 해석에 반박했다. 더 화려한 무덤은 여성의 무덤이며 왕비 혹은 여왕의 무덤일 가능성을 제기했다.

    1970년대 한국 학계는 한국 고고학 유물과 역사에 말을 얹는 외국 여성 학자의 목소리에 큰 관심을 기울이지 않았을지 모른다. 무덤에서 출토된 껴묻거리를 두고 그것이 '남성적'인지 '여성적'인지 분석해 무덤의 주인을 판단하는 과정에 당시의 관점이 아닌 현재의 관점을 적용하여 현재의 젠더 편향적 시각으로 고고학 유물을 분석하는 것은 옳지 않다는 비판은 젠더 고고학의 핵심 논지다. 젠더 고고학의 선구자 세라 넬슨이 이 논지를 구상하게 된 결정적인 계기가 바로 신라 고분 황남대총이었다.

그 이후 넬슨은 내가 학부를 졸업한 뒤인 1990년대부터 젠더 고고학 연구자로 활약하기 시작한다. 당시는 젠더와 고고학을 접목하려는 시도만으로도 거센 비판을 받던 시대다. 넬슨과 애시모어를 비롯한 젠더 고고학 1세대 연구자들은 '젠더와 고고학'이라는 제목으로 분과 학회를 기획하여 큰 학회의 일부로 신청했지만, 반대에 부딪혀 거절당했다. 젠더와 고고학이 무슨 상관이냐는 반응이었다. 그래서 기발한 대안으로 '고고학의 당면 과제'라는 두루뭉술한 이름으로 학회를 열었다. 모로 가도 서울만 가면 된다고 하지 않는가. 학회는 대성공이었다. 이 학회의 결과로 출간된 책은 현재까지도 젠더 고고학 교과서로 사용되고 있다.

넬슨은 교수로 재직하던 덴버대학교에서도 여성교수협회를 창단하고 여교수진을 대표해 끊임없이 목소리를 냈다. 그래서인지 대학 행정부와 계속해서 마찰을 빚을 수밖에 없었는데 그 탓일지는 모르지만 테뉴어 심사를 통과하지 못했다. 그의 학문적 성과를 생각하면 있을 수 없는 일이었다. 넬슨 교수는 곧바로 테뉴어 심사 과정에서의 부당한 정치적 개입을 공론화했다. 당시나 지금이나 테뉴어 심사를 통과하지 못한 교수는 창피함에 조용히 다른 학교로 직장을 옮기는 것이 일반적이다. 1970년대였으니, 여교수에게 가해지는 '모난 돌이 되어서는 안 된다'는 압박은 훨씬 극심했으리라. 그러나 넬슨은 결국 테뉴어 재심사를 받아 통과하기에 이르고, 그 후 부총장까지 대학의 수뇌부 직급을 역임하며 45년간 학교에 헌신하는 삶을 산다.

넬슨의 지위가 경제적으로 여유로운 직업을 가진 남편을 둔 상류층 백인 여성이었기에 가능했던 삶일 수도 있다. 조교수라는 말단직에 으레 기대하듯이 '입 다물고 눈 내리깔고 하라는 일만 열심히' 하지 않고 거침없이 대학 행정 수뇌부를 향해 비판의 목소리를 낼 수 있었던 것은 오히려 대학교수 자리가 생계에 결정적이지 않았기에 가능했던 여유였을지도 모른다. 그러나 넬슨 같은 여성이 1920년대 여성 참정권 투쟁을 이어받아 제2의 여성운동을 이끌어주었기에 나 같은 아시아인 여성도 대학교수 등 전문직에 대거 진출할 수 있었다. 내가 대학에 다니던 시기, 심지어 교수 경력을 처음 시작한 때까지도 주변에서 여교수를 보기 힘들었고, 더더군다나 아이를 키우는 여교수는 거의 없다시피 했다. 내 삶은 내가 홀로 내린 사적이고 개인적인 결정들의 소산이라 생각했기에 아무도 탓해서는 안 되고, 탓할 수도 없다고 생각하면서도 지독히 외로웠다. 2023년에 노벨경제학상을 수상한 클라우디아 골딘Claudia Goldin의 《커리어 그리고 가정》을 읽고 나서야 내가 혼자가 아님을, 100년에 걸쳐 흘러온 거대한 강물 속 한 줄기였다는 사실을 깨달았다. 우리가 함께 만들어온 100년간의 역사, 이다음에 쓰일 100년의 역사를 생각하니 심장이 두근거렸다.

넬슨 교수는 내게 책을 몇 권 건네주었다 그중에는 *Spirit Bird Journey*라는 얇은 책도 있었다. 호기심에 책을 열어보는 내게 넬슨 교수는 말했다. "한국계 미국인 고고학자 클라라가 한국으로 돌아가 고분 유적을 발굴하면서 겪는 신비한 이야기를 소설로 썼어요." 젠더 고고학의 대가가 되어서도 여성 수장이 묻힌 한국의 고분이 마음 한편에 자리 잡고 있었던 모양이다. 이 책은 《영혼의 새》라는 제목으로 한국에 번역 출간되었다.

넬슨 교수의 집을 나서면서, 다음에 꼭 다시 만나 더 많은 이야기를 나누게 되기를 간절히 바랐다. 그러나 그는 코비드 19 바이러스로 전 세계가 혼란에 빠졌던 2020년에 세상을 떠났다. 그때 만나서 귀한 대화를 나눌 수 있어 참 다행이었다고, 삶에 드물게 찾아오는 행운의 순간이었다는 생각으로 슬퍼지려는 마음을 다잡아본다.

완경과 할머니 가설

갑자기 몸이 더워진다. 머릿속 난로에 불이 켜진 느낌이다. 가족들에게 묻는다. "지금 날씨가 더운 거야? 아니면 나만 더운 거야?" 내 이런 질문에 이미 익숙해진 가족들은 담담히 답한다. "응. 지금 더워." 혹은 "아니, 엄마만 더운 거야."

처음에는 몰랐다. 갑작스럽게 몸에 열이 올라 반소매 차림으로 갈아입은 나를 보며 가족들은 의아해했다. 남편과 딸아이 모두 긴소매에 긴바지 차림이었다. 나는 평생 더위보다는 추위를 더 탔다. 남들이 모두 반소매 반바지를 입어도 나는 긴소매를 고집했다. 남들이 긴소매를 입는 날씨라면 나는 외투에 목도리까지 걸쳐야 했다. 그랬던 내가 반바지라니?

나만 혼자 온탕과 냉탕을 오가는 현상은 내 안의 온도계가 제대로 작동하지 않고 있다는 방증이었다. 우리는 항온동물이다. 주위의 온도에 따라 체온을 바꾸는 파충류와 다르게 포유류는 항상 일정한 체온을 유지한다. 체온을 유지하는 데는 피가 중요한 역할을 한다. 외부 온도가 낮아지면 혈관을 수축해 주변부로 가는 피를 억제하고, 체온 발산을 막는다. 주위의 온도가 높아지면 그를 따라 체온이 올라가지 않도록 몸의 중심에서 열을 주위로 내보낸다. 말초 혈관을 확장해 더 많은 피가 주변으로 가도록 한다. 피가 몸의 중심부에서 주변으로 퍼지면서 열기를 옮기기 때문에 중심부 온도가 낮아진다.

신체가 이토록 정교하게 작동하려면 지금이 추운지 더운지를 지각하는 온도계가 필요하다. 외부의 온도도, 신체 내부의 온도도 잴 수 있는 온도계가. 바로 이 온도계를 관장하는 호르몬이 에스트로겐이다. 그런데 여성이 완경을 맞으면 체내 에스트로겐 수치가 낮아지면서 다른 호르몬과의 평형 상태가 깨진다. 다시 말해 완경과 동시에 그동안 유지해 온 평형 상태와는 다른 새로운 호르몬 균형을 찾아야 한다. 몸에 많은 변화가 생길 수밖에 없는 이 시기를 그래서 많은 이들이 힘들어하는 것이다. 나 역시 다르지 않았다. 주변 사람들은 더없이 평온한데 혼자 극심한 더위와 추위를 번갈아 느끼는가 하면 새벽 내내 밤잠을 설쳐 이튿날 정상적인 생활을 할 수 없는 날이 늘어갔다. 평생 잠 하나만큼은 걱정해 본 적 없는 나였는데 말이다.

인간의 완경은 독특한 현상이다. 진화론의 관점으로는 더욱 수수께끼다. 앞서도 몇 차례 설명했지만 진화의 기본 작동 원리는 차별적 생식에 있다. 누군가는 더 많은 자손을 남기고, 누군가는 더 적은 자손을 남긴다. 유익한 유전자를 가진 개체는 그 유익함 덕분에 많은 자손을 낳는다. 유익한 유전자를 보유한 개체가 그 유전자를 보유하지 않은 개체보다 수적으로 더 많아지면 유전자의 빈도가 늘어난다. 이것이 현대 생물학에서 정의한 진화다.

진화론의 관점에서 생식하지 않는 개체는 수수께끼일 수밖에 없다. 아니, 생식하지 않도록 진화하는 일은 일어날 수 없는 어불성설이다. 그런데 인간은 50세를 전후해서 완경을 맞아 생식 가능 기간이 종료된다. 배란 이후 임신 혹은 생리를 하는 주기를 반복하다가 어느 순간 그 주기가 멈추는 것이다. 수명이 길어졌기 때문이 아니다. 수명이 길어지면 생식 가능 기간 역시 연장되어야 할 텐데 아무리 수명이 길어져도 완경기는 50세 전후다. 90세, 100세까지도 어렵지 않게 사는 지금은 일생이 절반 밖에 지나지 않았는데 생식 가능 기간이 종료되는 셈이다. 생식 기간의 연장 없이 수명만 연장된다면 진화론적으로는 아무런 쓸모가 없다. 그런데 인간이 바로 그렇다.

생식기능을 상실한 채로도 오랜 기간을 사는 이유가 뭘까? 혹자는 난자의 유효기간에서 그 이유를 찾는다. 여자아이는 태어날 때 이미 감수분열 중간 단계에서 정지된 상태의 난자(난모세포)를 가지고 태어난다. 배란 주기가 시작되면 이 난자들이 감수분열을 마치고 난자가 되어 배란된다. 다시 말해 난자는 배란 주기에 매번 새로 만들어지는 것이 아니라 태어날 때 이미 일정 정도 만들어진 상태이기 때문에 그 난자는 여성이 지나온 세월만큼 나이를 먹은 난자다. 난자가 나이를 먹을수록 돌연변이 발생 가능성이 커지고 나이 든 난자가 수정된 수정란 역시 태아로 완전히 발달하지 못하고 자연유산될 가능성이 크다. 그래서 완경이 발생하게 되었다는 설명이다.

직접 아기를 낳지 않고도 손주 양육에 도움을 줌으로써 자신의 유전자를 가진 후손의 생존과 번성에 기여할 수 있기에 여성이 완경 이후에도 오랜 기간 살게 되었다는 '할머니 가설'은 생식기능이 끝나더라도 진화적 성공이 가능하다는 여지를 남긴다. 완경을 겪은 여성은 동년배의 남성보다 훨씬 건강한 세월을 보내고, 생식기능 외의 다른 신체적 기능은 남성보다 더 늦게 노화를 맞는다. 이것이 인류학과 생물학이 가르쳐온 완경의 정설이었고, 나 역시 그렇게 가르쳤다.

그런데 막상 완경을 직접 경험해 보니 내 몸은 절대 예전 같지 않았다. 완경을 전후로 다양한 증상을 겪었으며, 이게 정말 '동년배의 남성보다 훨씬 건강한' 상태인 건지 의심스러웠다. 나만의 문제도 아니었다. 적지 않은 사람이 갱년기 증상으로 정상적인 일상생활을 영위하지 못하고 있었다. 직접 겪기 전에는 몰랐던 사실이다. 내 환경 강의를 들은 학생들 역시 모두 어렸기 때문인지 아무도 의문을 제기하지 않았다.

갱년기, 완경기 증상은 다양하게 나타난다. 증상의 정도 역시 개인차가 크다. 필요한 경우 전문가의 도움을 받아야 한다. 그런데 자연스러운 노화의 단계인 완경을 숨겨야 할 것으로, 창피한 것으로 여기는 문화에서는 의학적으로든 일상적으로든 쉽게 도움을 받기 어렵다. 유럽에서는 이미 완경으로 인한 호르몬 변화를 겪는 여성을 위한 정책을 시행하고 있다. 나 역시 동료 교수와 합심해 호르몬 변화기를 겪는 교직원을 지원하는 정책 시행 안건을 올렸으나 보기 좋게 부결되었다. 완경기 증상 완화 지원을 교직원 복지로 부각하면 오히려 완경을 비정상적인, 병적인 상태로 보게 될 수 있다는 이유에서였다.

사실 완경 정책 안건을 올린 데에는 일종의 반발심이 작용했다. 완경의 옛말인 '폐경'이라는 단어에서도 볼 수 있듯, 완경을 여성 삶의 끝으로 보는 시각이 있고 그래서인지 각종 이상 증상을 겪으면서도 쉬쉬하는 분위기가 강하지 않은가. '갱년기(혹은 완경기) 증상으로 휴가/휴직을 신청합니다'라는 말을 공개적으로 자연스럽게 할 수 있다면 완경에 대한 인식이 조금은 변하지 않을까 하는 마음이 있었다. 완경과 비슷하게 어딘가 은밀하고 부끄럽고 수치스러운 것으로 여기다 점차 자연스러운 신체 현상으로 인식이 변하고 있는 생리처럼 말이다.

내 청소년 시기에는 생리대를 살 때도 수치심을 느끼도록 하는 사회 분위기가 있었다. 어린 시절 텔레비전 광고에 나오는 '두통 치통 생리통'이라는 카피를 보면서 '생리가 뭔지는 모르겠지만 두통이나 치통처럼 흔한 것인가 보다' 했는데, 여학생과 남학생을 분리해 따로 성교육을 받던 날에는 '생리대 깨끗하게 버리는 법'을 배웠다. 생리는 그렇게 은연중에 성, 섹스와 연관된 무언가, 숨겨야 할 일이 되었다. 가게에서 생리대를 사면 꼭 검은 봉투에 한 번 더 담아주었고, 생리대를 다 보이게 들고 다니면 손가락질을 감수해야 했다. 심한 생리통 때문에 체육 수업에 참여하기 힘든 친구들도 좀처럼 선생님에게 말을 꺼내기 어려웠고 생리대 옆으로 샌 피가 비칠까 생리 기간 내내 전전긍긍해야 했다. 지금은 얼마나 달라졌는지 궁금하다.

생리와 임신, 출산을 여자가 혼자 감당해야 하는 은밀한 일, 혹은 가족 내의 사적인 일로 여겨 온 역사는 인류사 전체로 보면 잠깐이라고 표현해도 좋을 만큼 아주 짧다. 대부분의 인류 역사에서 임신과 출산은 공개적으로 이루어졌으며 공동체의 일로서 당연히 돕고 챙겨야 할 일이었다. 여러 나라에서 여자아이의 초경(첫 생리) 때 공개적으로 파티를 열어 축하하는 문화를 볼 수 있다. 물론 생리를 부정적으로 보는 문화권도 많다. 생리 기간에는 집을 떠나 동구 밖에 마련된 생리 오두막menstrual hut에 머물러야 하는 서아프리카의 도곤Dogon 문화에서는 생리가 축하할 일이 아니다. 이 경우 오염된 몸, 임신할 수 있는데 임신하지 않은 몸이라는 이유로 격리되는 것이다. 어쨌든 이처럼 임신과 출산은 공동체 전체가 개입해 온 일이다.

몇십 년 전에 비하면 생리가 공개적인 얘깃거리가 된 듯하여 다행스러운 마음이다. 요즘은 거리낌 없이 생리대를 들고 다니고 생리 휴가나 생리통으로 인한 결석 통보도 일상적이다. 완경도 그렇게 되기를 기대해 본다.

목욕탕의 비너스

나는 대학생 때 난생처음으로 공중목욕탕에 가보았다. 그때까지는 엄마와 함께 목욕탕에 가서 서로 등을 밀어주는 풍경을 책과 텔레비전으로만 접했을 뿐이다. 대학생 때도 발굴 현장에 갔다가 현장 담당자가 다 같이 목욕하러 가자며 등을 떠밀어 가게 된 것이다. 발굴 현장 인원의 대다수는 남학생이었고 여학생은 나와 선배 딱 둘뿐이었다. 남자들은 현장 근처 개울가나 수돗가에서 간단히 등목이라도 하곤 했지만, 여학생은 땀범벅 흙투성이가 되어서도 마음 편히 목욕할 처지가 못 되었다.

발굴단원들은 다 같이 목욕탕에 가자는 제안을 모두 반기는 분위기였다. 나는 당혹스러웠다. 타인이 있는 곳에서 발가벗는 일도 탐탁지 않았고 아는 사람의 맨몸을 보기도 싫었다. 그렇다고 혼자만 빠지겠다고 하기는 더 싫었다. 튀고 싶지 않았다. 단체로 중국 음식점에 가서도 짜장면과 우동 둘 중 하나만 골라야 했던 1980년대 획일주의 군사문화가 내게 남긴 영향이었다.

걱정과 달리 막상 목욕탕으로 들어가니 아무것도 보이지 않았다. 수증기 때문이기도 했지만 무엇보다 매우 심한 근시로 쓰던 안경을 벗으니 눈앞의 모든 것이 뿌옇고 흐렸다. 다행이었다. 목욕을 마치고 나오면서 안도의 한숨을 내쉬었다. 앞으로 다시는 갈 일이 없을 거라고 생각하면서.

그랬던 내가 로스앤젤레스의 한인타운에서 찜질방과 스파를 즐기게 될 줄 누가 알았겠는가. 거기다 라식수술을 받아 내 시력은 20대 때보다 몇 배는 더 좋아졌다. 덕분에 나는 목욕탕에 갈 때마다 맨몸의 다양성에 놀라고는 한다. 그동안 미디어에서 보아왔던 여성의 몸은 나와는 닮은 구석이 하나도 없는, 매끈한 몸으로 모두 비슷비슷했다. 하지만 목욕탕에서 마주한 몸들은 천차만별이었다. 피부색도 생김새도 모두 제각각이었다. 속옷 광고에서나 보던 몸을 가진 사람도 있었지만 대개는 팔다리의 길이에서부터 가슴, 허리, 엉덩이까지 서로 비슷한 부분을 찾기 어려울 정도로 다양했다.

특히 나는 나이 든 여성의 몸을 보면서 매우 깊은 인상을 받았다. 거의 조선시대나 마찬가지인 집안에서 자란 나는 엄마나 할머니의 맨몸을 본 적이 없다. 앞서 말했듯 목욕탕에 함께 간 적도 없다.

인류학자의 직업병이겠지만 나는 사람의 몸을 보면 반사적으로 그 뼈대를 머릿속에 그려본다. 목욕탕에서도 그랬다. 천차만별의 몸을 보니 천차만별의 뼈가 눈앞에 그려졌고, 자연히 그들이 지나온 천차만별의 삶까지도 엿보게 되었다.

그중 유독 기억에 남는 몸이 있다. 그의 키는 나만큼 작았고 짧은 다리가 바깥으로 약간 휘어 있었다. 사람의 키 차이는 몸통보다 다리 길이의 차이에서 온다. 앉은키는 대개 비슷한데 서 있는 사람들의 키는 다양한 것을 보면 알 수 있다. 사람의 다리는 크게 넙다리뼈(허벅지뼈)와 정강이뼈로 구성되어 있어 두 뼈의 길이가 다리 길이를 결정한다. 그중 넙다리뼈의 길이는 유전적인 영향을 크게 받는다. 반면 정강이뼈 길이는 환경적 영향을 더 크게 받는다. 태아기 혹은 성장기에 영양을 충분히 공급받지 못하면 키가 덜 크게 되는데 그 영향이 정강이뼈 길이로 나타난다. 정강이뼈가 짧아 키가 작아지는 것이다. 물론 영양 부족으로 인한 키 성장 저하는 1960-1970년대 이야기다. 그때는 모두가 힘들었지.

더 이상 에스트로겐의 영향을 받지 않는 완경 이후의 몸에서는 잘록한 허리도 사라진다. 수십 년간 매일 반복적인 일을 하면 승모근도 고질적으로 뭉치게 된다. 뭉친 승모근을 풀어주지 않고 계속 같은 일을 지속하면 종래에는 근육이 붓고, 염증이 생겨 신경통으로 이어진다. 팔과 어깨를 많이 쓰는 경우 더욱 그렇다. 어깨가 결리고 고개를 돌릴 때마다 뻐근함을 느낀다. 그 역시 이따금 마사지나 필라테스를 받을 여유도 없이 요리와 설거지, 빨래와 청소를 매일같이 하다 20, 30년을 보냈을지 모른다.

뭉친 승모근과 원통형 몸, 짧은 다리는 텔레비전에 흔히 등장하는 걸그룹 아이돌의 몸 반대편 끝에 있었다. 다 같이 못살았던 환경, 콩나물시루 같은 교실을 거쳐 '여자가 무슨 공부냐, 시집이나 가라'는 말을 들으며 평생 열심히 일해왔을 그 몸은, 비너스의 몸이었다.

로마신화 속 미美와 사랑의 여신인 비너스는 그동안 수많은 그림과 조각상으로 재현되어 왔다. 밀로의 조각상, 보티첼리의 그림에서 볼 수 있는 비너스의 몸은 생식 능력이 가장 왕성한, 에스트로겐의 영향이 극대화된 여성의 몸이다. 봉긋한 가슴, 잘록한 허리, 둥글고 큰 엉덩이. 심지어 만화영화 〈마징가 제트〉에 등장하는 비너스마저도 비슷한 몸을 가지고 있다. 그러나 내가 목욕탕의 노년 여성을 보고 떠올린 비너스는 밀로의 비너스도, 보티첼리의 비너스도 아니다. 약 3만 년 전, 유럽의 후기 구석기시대 고고학 유물로 자주 등장하는 비너스 조각상이다.

2백만 년 동안 용도가 분명한 도구만을 남겨온 인류가 3만 년 전부터는 쓸모없는 물건을 만들기 시작했다(물론 그전에도 만들었는데 유물로 남지 않은 것일 수도 있다). 동굴에 벽화를 그리고, 돌도끼와 돌칼을 만들던 돌로 조각상을 만들기 시작했다. 그들은 특히 여성의 몸을 조각으로 많이 남겼다. 고고학자들은 이 조각들을 '비너스상'이라고 부른다.

그중 가장 유명한 것이 독일 빌렌도르프의 비너스다. '크고 풍만한 가슴과 엉덩이는 다산의 상징으로 후기 구석기인들의 풍요에 대한 기원을 나타낸다'는 해석이 지배적이다. 거의 모든 교과서에서 비슷한 내용을 찾을 수 있다. 이 같은 비너스상은 빌렌도르프뿐 아니라 유럽과 아시아 전역에서 발견되었다. 그들은 하나같이 큰 가슴과 엉덩이를 가졌고 한 손으로 쥘 수 있는 크기다. 때문에 이동할 때마다 이리저리 가지고 다녔으리라는 짐작을 하게 된다.

그런데 이 묘사와 추측에 빠진 부분이 있다. 풍만한 가슴은 크다 못해 아래로 쳐지기까지 했고 허리는 들어간 곳 없이 뭉툭하다. 가슴과 엉덩이 둘레가 거의 같으며 엉덩이도 아래로 쳐졌다. 비너스의 허리가 잘록해지는 건 신석기시대 이후다. 신석기시대는 계층, 권력, 가부장제가 등장하기 시작한 시대이기도 하다. 이게 과연 우연일까? 노동 집약적 농경 사회에서는 노동인구가 곧 재산이었고, 다산은 재산 증식을 의미했다. 그런데 잉여생산물과 재산이 없었던 구석기시대에도 정말 다산을 바라고 기원했을까?

구석기시대에 만들어진 비너스상의 독특한 몸을 해석하려는 시도는 많지 않았다. '다산을 기원하는 구석기인의 소망'이라는 해석이 큰 이의 없이 받아들여져 왔기 때문이기도 하지만, 그보다는 비너스상에 그다지 큰 관심을 가지지 않았기 때문일 테다. 비너스상의 형태가 독특하다는 사실을 드물게 인식한 경우, 여성이 자신의 몸을 고개 숙여 내려다본 모습을 그대로 조각했기 때문이라는 해석은 차라리 개성적이다. 하지만 이 해석 역시 한창 생식 시기에 있던 여성이 자신의 몸을 조각했다는 전제를 암묵적으로 깔고 있다.

나는 그 비너스의 몸이 왕성하게 아이를 낳을 수 있는 몸, 다산의 가능성을 가진 몸이 아니라 이미 다산을 해낸, 한평생을 살아낸 경험과 지혜를 체화한, 나이 든 몸일 가능성을 생각한다. 그런 의미에서 '비너스상'이라는 작명 자체에 아쉬움이 든다. 우리가 '비너스'라는 단어를 두고 이미 재생산을 끝낸 할머니를 상상하지는 않기 때문이다. 아기를 낳지 못하는, 완경을 지난, 생식기능을 잃은 할머니는 사회에서 지워진 존재다. 오늘날 사회에서 유령 취급을 당하는 할머니는 인류의 진화 역사에서도 유령 취급을 당한다. 그러나 누가 알겠는가. 할머니가 인류 역사에서는 당당히 한자리를 차지하던 존재였을지. 인류의 진화사에서 할머니의 역할을 조명한 가설은 현재 할머니 가설이 유일하다. 더 많은 연구가 나오기를 기대해 본다.

라면 연대

교수들은 대체로 개인적인 성향이 많아 조직생활을 선호하지 않는다. 나도 그중 하나다. 초중고를 지나 대학과 대학원까지 근 50년을 학교에서 보냈지만 조직을 위해 무언가를 맡았던 경험은 주번이 유일하다. 그랬던 내가 교수가 된 뒤에 조직도에 이름을 올리게 되다니 인생사 참 알 수 없다. 나는 학과장이 되면서부터 본격적으로 조직생활이자 직장생활을 경험했다. 그전까지는 대학도 조직인 줄 모르고 살았다.

12년 동안 학과를 이끌던 학과장이 자리에서 물러날 시점이 되자 학장은 그 후임을 결정하기 위해 학과 교수들에게 일대일 면담을 청했다. 당시 부교수였던 나는 정치적인 일에는 여하튼 끼고 싶지 않아서 돌아가는 사정을 알면서도 애써 모르는 체했다. 곧 학장의 이메일을 받았다. 이제 내 순번이구나, 다음 학과장으로 누가 좋을지 정도를 묻겠지 하는 마음으로 학장실에 들어갔다. 나는 누군가를 추천하거나 누구는 절대로 안 된다는 식의 발언도 할 생각이 없었다. 그런 발언은 밖으로 새고야 만다. 세상에는 비밀이 없으니까. 어쨌든 나는 아직 부교수였다.

학장의 맞은편에 앉은 나는 질문을 기다리면서 그를 바라보았다. 잠깐 뜸을 들이던 학장은 예상했던 물음을 던졌다. "다음 학과장으로 누가 좋을까요?" 나는 준비한 대로 두루뭉술하게 답했다. 그러자 그가 말했다. "나는 이상희 교수를 학과장으로 임명하고 싶어요." 예상에 전혀 없던 시나리오였다. 나는 당황한 채로 손을 휘휘 저었다. 학장은 내게 48시간을 줄 테니 생각해 보라고 했다.

머릿속에는 자리를 거절해야 할 이유가 먼저 떠올랐다. 부교수인 내가 정교수들을 관리하기는 어려울 것이다. 정교수로 승진도 해야 하는데, 학과장 업무를 맡으면 승진 심사를 준비할 시간이 없을 테고, 커리어가 그만큼 지연될 것이다. 이제 막 유치원생이 된 딸아이와 보낼 시간도 줄어들 것이다. 그럼에도 새로운 일을 해볼 수 있겠다는 호기심과 설렘, 내가 방향키를 쥐고 주도적으로 학과를 끌어갈 수 있겠다는 생각에 마음이 쏠렸다. 결국 고민 끝에 자리를 받기로 했다. 처음 직책을 제안한 자리에서 내가 워낙 강경하게 거절 의사를 보였기에 반쯤 포기하고 있던 학장은 수락 의사를 전하자 무척 놀랐다. 그렇게 나는 학과장이 되었다. 2012년이었다.

지금 생각하면 학과에서 유독 외톨이였기 때문에 학장이 나를 학과장으로 낙점한 듯하다. 나는 따르는 무리도, 척을 진 무리도 없이 누구와도 사이가 더 좋거나 나쁘지 않았다. 테뉴어 심사를 염두에 두었던 때라서 대학원 시절 지도 교수의 조언을 따른 결과였다. 테뉴어를 받은 뒤 학과의 중심에서 부교수의 눈으로 보니 나를 제외한 다른 교수들은 모두 분명한 파벌로 나뉘어 있었다. 나는 학과장으로서 분열된 학과에 공동체 의식을 불어넣는 것이 급선무라고 생각했다. 학과 교수들의 통합이라는 대의 아래 학과장으로서 모든 일을 진행해야겠다는 결심이 섰다.

그러나 학과장 앞으로 쏟아지는 행정 잡무가 너무나 많아 최우선 과제인 통합은 제대로 고민해 볼 틈도 없었다. 학과장 임기를 시작한 지 며칠 지나지 않아 나는 학과의 예산 계획과 집행을 논의하기 위해 학장을 만나야 했다. 곧 나는 학과의 재정 담당자와 함께 학장의 맞은편에 앉았다. 학장은 학과 회계상 발생한 여러 문제를 묻고 또 지적했다. 내게 학과장 직책을 제안하던 다정하고 친절한 학장은 온데간데없었다. 나는 학과 회계 시스템과 행정 처리 방식을 채 파악하지 못한 상태였기에 답할 수 있는 내용이 거의 없었다. 동석한 재정 담당자가 대부분의 질문을 소화하며 전임 학과장의 방식이었다는 말을 덧붙였다. 그러자 별안간 학장은 내게 버럭

소리를 질렀다. "무슨 일을 이따위로 해요?"(점잖은 표현으로 순화해 보았다.)

그때까지 나는 학과의 재정 집행과 회계를 담당자에게 일임하고 있었다. 돈 문제는 내 소관이 아니라는 생각에 서명란에 서명만 했다. 큰 착각이자 잘못이었다. 그런데 그때는 이런 생각조차 하지 못했다. '윗사람'에게 큰소리로 혼이 나는 상황을 너무나 오랜만에, 실로 몇십 년 만에 겪은 탓이다. 나는 순식간에 고등학생 시절로 돌아가 마음을 졸였다. 그 시절 교실에서 선생님은 절대적인 존재였고 불호령 같은 꾸중에 뭔가 변명이라도 할라치면 더 크게 혼나기 일쑤였다. "이게 어디서 말대꾸야?" '사랑의 매'도 예사였다.

마흔이 넘은 나이에 다시 고등학생이 된 나는 반사적으로 몸을 움츠리고 눈을 내리깔았다. 뺨이라도 맞은 것처럼 볼이 화끈거렸다. 학장은 계속 큰소리를 냈지만 내 귀에는 하나도 들리지 않았다. 머릿속에는 한 가지 생각뿐이었다. '절대 울어서는 안 돼.' 나는 있는 대로 눈에 힘을 주고 아래만 내려다보았다. 다행히 눈물은 흐르지 않았다. 그러나 아무 말도 할 수 없었다. 회의가 끝나고 회계 담당자와 학장실을 나온 다음에도 손과 다리가 떨렸다.

내 사무실로 돌아와 마음을 가다듬고 나서야 생각을 정리할 수 있었다. 전임 학과장이 놓고 간 폭탄의 파편에 정통으로 얻어터졌다. 돈 문제는 신경 쓰지 말고 담당자에게 모두 맡기면 된다는 전임 학과장의 조언을 그대로 믿어버린 나 자신이 한심했다. 학장에게 상황을 설명하면서 나를 보호하거나 담당자를 보호하지 못하고 가만히 앉아 듣기만 하면서 눈물 참기에만 바빴던 내가 부끄러웠다. 스스로가 한심해 화가 나기까지 했다. 내가 얼마나 만만해 보였으면!

그때 동료 교수 두 사람이 떠올랐다. 나브다 나이도 경험도 많은 정교수들을 부교수인 내가 학과장으로서 잘 지휘할 수 있을지 걱정하던 내게 물심양면 내 편에서 돕겠다며 언제든 필요하면 연락하라고 나를 다독여준 사람들이었다. 같은 학과 교수였지만 '동료 교수'라고 칭하기 미안할 만큼 대단한 사람들이기도 했다. 한 사람은 여성학과장을 십수 년간 역임했고, 한 사람은 다른 대학교에서 총장을 지낸 뒤 지금의 학교로 자리를 옮겨 부총장을 맡고 있었다. 학교 행정과 조직 내 정치력에 있어서는 어디서도 뒤지지 않는 이른바 '쎈 언니들'이었던 셈이다.

나는 두 사람에게 바로 이메일을 보냈다. 들은 메일을 확인하자마자 내 사무실로 달려왔다. 내가 자세한 상황을 설명하자 둘은 만장일치로 결론을 내렸다. 잘잘못을 떠나 동료에게 큰소리로 혼내듯 말하는 행위는 용납할 수 없는 권위주의적이고 가부장적인 태도다! 한 사람은 당장이라도 학장실 문을 두드릴 태세로 크게 분노를 표했다. 그때 내 분노의 화살이 잘못된 방향을 향해 있음을 깨달았다. 나는 나 자신이 아니라 학장에게 분노해야 했다.

다른 한 사람은 즉시 대응책을 제시했다. 당장 이메일을 쓰자면서. 엥? 웬 이메일? 나는 학장에게 항의하는 이메일을 쓰기가 두려웠다. 하지만 쎈 언니들은 이메일을 써야 하는 이유를 간단하고 분명하게 설명했다. '오늘 무슨 일이 일어났는지를 명문화해 남겨둘 필요가 있다.' 이메일을 받은 학장이 사과를 할 수도 있고(사과를 받으면 된다), 무대응으로 일관할 수도 있고(이쪽에서도 무대응으로 넘기면 된다), 더 큰소리로 화를 낼 수도 있지만(그럴 가능성은 매우 희박하다) 그쪽의 반응은 부차적인 문제고, 그가 내게 벌인 일을 문서로 남기는 게 중요했다. 그들은 곧바로 머리를 맞대고 이메일을 작성하는 내 뒤에서 조언을 쏟아냈다. 나는 당시 상황을 간결하고 분명한 문장으로 정리해 학장에게 보냈다. '보내기' 버튼을 누르는 순간에는 손이 살짝 떨렸다.

이튿날 학장으로부터 짧은 회신이 왔다. 자신의 잘못을 인정하고 사과하는 내용이었다. 나는 이 소식을 바로 두 응원군에게 알렸다. 그들은 다시 내 사무실로 달려와 축하와 격려를 아낌없이 해주었다. 나는 그 뒤로도 무슨 일이 생기면 둘에게 조언과 도움을 청했다. 물론 매번 처음처럼 적극적으로 도움을 주지는 않았다. 그럼에도 많이 배웠다. 그들의 경험은 내 경험이 되어 쌓여갔다. '내가 크리스틴이라면 어떻게 할까?' '요란다라면 어떻게 할까?' 생각하면서 일을 처리하게 되었다. 어느 날은 크리스틴이 되어 분노할 대상을 정확하게 겨누었다. 요란다가 되어 정치적으로 장기판 위의 말을 움직였다. 1970, 1980년대 여성운동의 최전선에 섰던 그들은 내게 여성 연대를 가르쳐주었다. 덕분에 나는 학과장 임기를 무사히 마쳤다. 임기 마지막 날, 학과 교직원들은 내게 파티를 열어주면서 그림을 하나 선물했다. 눈 속에 피어난 매화 그림이었다. 나는 매번 봄을 알리는 그 매화 그림을 보면서 싣지를 다진다.

그렇게나 많은 도움을 받았는데 막상 나는 되돌려준 것이 없다는 부채감이 항상 마음 한구석에 남아 있었다. 최근에는 멘토링 프로그램에 멘토로 참여해 부교수로 행정 업무를 맡아 보기 시작한 아시아인 여성을 만나 1년간 멘토링 관계를 쌓았다. 1년째가 되던 날, 그는 내게 그동안 고마웠다는 인사를 전하며 말했다. "이제는 난처한 상황을 만나면 '상희라면 어떻게 할까'라고 생각하면서 문제를 해결해 나가요." 학장에게 혼이 나던 날, 망설임 없이 내게 달려와 준 두 멘토를 떠올리지 않을 수 없었다. 그들에게 진 빚을 '라면' 연대로 갚아 나간다.

에필로그

죽과 밥의 연대

2023년 가을의 어느 날 김영사의 김은하 편집자로부터 이메일을 받았다. 내 전문 분야인 인류의 진화가 아닌 나의 개인적인 일상 이야기를 에세이로 풀어내자는 출간 제안이었다. 선뜻 받아들이기 어려웠다. 학계의 검증을 거친, 보편적이고 일반적인 과학적 내용만을 다루는 훈련을 오래 받아온 나다. 내 사사로운 이야기를 읽고 싶어 할 독자가 몇이나 될까 싶어 망설였다.

그동안 책을 출간하자는 연락은 적잖이 받았다. 당장 함께하고 싶을 만큼 흥미로운 아이디어와 기획도 꽤 있었다. 하지만 이미 맡은 일들로도 시간이 꽉 차서 다른 일을 벌일 수 없을 때가 많았다. 그런데 이번에 받은 출간 제안은 타이밍이 완벽했다. 1년 전 내가 일하는 대학교를 포함해 열 개 대학교의 대학원생 노조가 일제히 파업에 들어갔다. 4만 8천 명의 노조원이 참여한 역사적인 규모의 파업은 연일 뉴스 첫머리에 등장했고 교수의회 의장인 나는 인터뷰 요청을 계속해서 거절했다. 겨우 파업이 일단락되고 캠퍼스가 정상화되자 나는 새로운 뭔가를 하고 싶었다. 마침 새로운 일을 찾던 중에 도착한 출간 제안이었다. 이메일은 신선하기까지 했다. 좋은 인연을 맺으려면 좋은 TPO가 다라야 하나 보다.

기획 미팅을 하고 계약서를 쓰자 중동의 가자 지구에서 전쟁이 본격화했다. 캠퍼스에서는 반전 운동의 일환으로 점거 농성이 시작되었다. 경찰의 진압으로 곤봉에 맞으며 끌려가는 이웃 대학교 학생들의 영상을 보면서 1980년대의 트라우마가 되살아나기도 했다. 내 자신의 이야기를 써 나가면서 간신히 숨을 쉴 수 있었다.

나는 완성한 전체 원고를 한 번에 보낼 자신이 없었다. 그래서 한 챕터를 쓸 때마다 출판사에 보내기로 했다. 현명한 결정이었다. 급한 상황이 생길 때도 많았고, 글이 엉켜서 어떻게 풀어나갈지 도저히 감이 잡히지 않는 때도 많았지만 약속한 바가 있기에 어떻게든 써서 보냈다. "죽이 되든 밥이 되든 일단 써서 보냅니다"라는 말과 함께. 나중에는 이메일 제목이 아예 "죽과 밥"이 되었다.

내 눈에는 형편없는 원고에서도 김은하 편집자는 언제나 긍정적인 부분을 짚어냈고, 내가 내 글에 점수를 너무 박하게 준다고 평했다. 나는 다시 글을 쓸 용기를 얻었다. 게다가 칭찬하는 법도 배웠다. '견중일기'와 '엄마 같은 교수' 챕터에 나오는 칭찬에 대한 내용은 이런 이메일을 주고받으면서 영감을 얻어 쓴 것이다.

이 책은 나 혼자 썼지만 나 혼자만 쓰지는 않았다. 죽과 밥의 연대가 없었더라면 태어나지 못했을지도 모른다. 홀로 사는 세상에서 한없이 외롭다가도 이렇게 연이 닿으면 꺼졌던 전구에 불이 들어오듯 전기처럼 우리를 이어준다.

원고를 보고 다시 또 보면서 내가 참으로 많은 걸 받았다는 생각이 든다. 받은 것만큼 이루지 못한 것 같아서 조급한 마음까지 들려고 한다. 하지만 결승 테이프를 끊은 다음에 받을 트로피보다 달려가는 과정에서 만들어가는 인연과 연대가 더 소중하지 않을까.

드디어 원고를 끝마쳤다. 동시에 안식년도 마쳤다. 이제 돌아갈 가을의 캠퍼스에는 또 다른 새로운 세상이 기다리고 있다. 트럼프 대통령과 AI가 주름잡으려 하는 새로운 세계에서 나의 사소한 이야기는 계속된다.